THE CAT

1887

THE CAT

Its Natural History, Varieties, and Management

Philip M. Rule

하울북스

하울 클래식 001

이 책의 작가 필립 룰에 관해서는 알려진 바가 거의 없다. 그의 이름으로 출간된 다른 저작도 없으며, 수의학적 조언을 다룰 때는 늘 조심스럽게 전문가의 말을 빌렸다. 종종 고양이 전시회에 자신의 고양이를 출품하긴 했지만, 주최 측과 특별한 관련이 있는 인물은 아니었다.

다만 책을 통해 분명히 알 수 있는 한 가지 사실은, 그가 고양이를 깊이 사랑했다는 점이다.

그래서 이 책이 더 매력적으로 다가왔다. 오늘날의 여느 반려인이 썼다고 해도 이상하지 않은 이야기이기 때문이다. 시간이 흘러도 변하지 않는 마음이 있다. 지금의 나와 닮은, 오래전 누군가의 마음을 슬며시 들춰보는 재미가 있다.

2025년 늦봄, 하울북스

<흰 고양이와 새끼들>

THE CAT:

ITS NATURAL HISTORY; DOMESTIC VARIETIES; MANAGEMENT AND TREATMENT.

(WITH ILLUSTRATIONS.)

BY

PHILIP M. RULE.

WITH AN ESSAY ON FELINE INSTINCT,
BY BERNARD PEREZ.

London:
SWAN SONNENSCHEIN, LOWREY & CO.,
PATERNOSTER SQUARE.
1887.

<초판본 표제지 (1887)>

영국 런던 Swan Sonnenschein, Lowrey & Co.에서 출간된 초판본의 표제지.
본 서적은 해당 초판본을 원문으로 삼아 복간하였습니다.

일러두기

1. 원문 각주는 책 끝에 미주로 정리하였습니다. 미주는 로마자(ⅰ, ⅱ, ⅲ...)로 표기하였습니다.

2. 본문 하단에 표기된 주석은 모두 옮긴이의 것입니다. 각주는 아라비아 숫자(1, 2, 3...)로 표기하였습니다.

3. 본문에 등장하는 단위는 현대 한국에서 사용하는 단위로 환산하여 괄호 안에 함께 적었습니다.

4. 학명(라틴어), 지역명, 책 제목, 단체명 등의 고유명사는 필요한 경우 원어를 함께 적었습니다.

존 콜람 선생 귀하,

왕립동물학대방지협회의 사무국장으로서,
인도주의의 대의를 옹호하는 데 있어 고귀하고도
한결같은 헌신을 보여주신 점에 대한 경의로,
그리고 이 책의 주제에 대한 깊은 관심과 애정에
대해 저자가 느끼는 감사의 마음을 담아,
이 책을 공손히 바칩니다.

저자의 말

이 작은 책을 세상에 내놓기에 앞서, 인내심 있는 독자 여러분께 먼저 몇 가지 설명을 해드리는 것이 저자의 도리라 생각한다. 지난 한 해 동안 나는 훌륭한 월간지 『애니멀 월드*The Animal World*』에 고양이에 관한 짧은 글들을 연재한 바 있다. 매달 정성껏 원고를 실어준 편집자의 따뜻한 배려와 여러 친구의 간곡한 요청에 힘입어, 연재 원고를 지금의 형식으로 엮어내기로 마음먹었다. 물론 약간의 수정은 필요했지만 새로 덧붙인 내용은 많지 않다. 그저 소박하면서도 매력적인 한 권의 책으로 엮어내고 싶었을 뿐이다. 다만 여기에 담긴 여러 조언이 독자에게 실용적인 도움으로 이어지기를 바란다. 더불어, 그동안 고양이에게 별다른 관심을 두지 않았던 독자들이 있다면 이 책을 통해 이 동물에 대해 더 깊은 흥미와 애정을 품게 되기를 희망한다.

나는 1871년 크리스털 팰리스에서 열린 제1회 고양이 쇼의 조직과 관련된 몇 가지 사실을 친절히 알려준 해리슨 위어 씨에게 감사의 뜻을 표한다.

또한 제7장에는 비교적 길게 인용한 문장들이 포함되어 있다. 이는 영국 왕립수의외과대학 정회원인 해롤드 리니 씨께서 기꺼이 허락해 주신 덕분임을 밝혀둔다.

필립 룰

차례

제1장	고양이의 일반적 특징	001
제2장	고양이의 일반적 특성 (계속)	008
제3장	먹이와 영양	022
제4장	사육과 관리	031
제5장	집고양이의 품종	040
제6장	질병과 치료	059
제7장	질병과 치료 (계속)	074
부록	고양이의 본능에 관한 소고	095

제1장
고양이의 일반적 특성

집고양이*Felis domestica*의 기원은 오랜 시간 동안 추측과 학문적 논의의 대상이 되어왔으나, 아직 확정적인 결론에 이르지 못했다. 고양이는 이 나라에서 사람의 손에 길러지기 훨씬 이전부터 이미 고대 이집트인들에 의해 사육되어 왔다. 신비롭고도 미신적인 문화를 지닌 그들은 고양이를 경외의 대상으로 여겼고, 여신 파슈트Pasht를 상징하는 동물로 숭배했다. 고양이가 죽으면 그 육신은 정성스레 방부 처리되었다. 고양이 미라의 표본은 대영박물관에도 전시되어 있다. 이집트 고양이*Felis maniculata*

는 오늘날 우리에게 익숙한 집고양이의 조상으로 간주해도 무방할 것이다. 이 야생 고양이는 회갈색이나 황갈색 털에 흐릿한 얼룩 줄무늬가 있으며, 체구는 보통 수준이다. 꼬리는 현대의 고양이와 유사한 형태를 띠고, 귀는 비교적 크고 끝이 뾰족하여 스라소니와 살짝 닮았다. 길든 동물들이 문명화의 물결을 따라 이집트에서 서방 세계로 전파되었다는 것이 일반적인 통설이다. 여기서 주목할 점은, 개와 달리 고양이는 문명화되지 않은 민족에 의해 길든 적이 한 번도 없다는 사실이다. 하지만 오늘 날에는 문명화된 민족들 뿐 아니라, 절반쯤 문명화된 민족들조차 고양이를 쓸모 있는 쥐잡이 동물로, 또는 애정을 담아 기르는 반려동물로 여긴다.

영국에서 야생 고양이*Felis catus*가 매우 흔했던 시기에도 집고양이라는 존재가 알려지지 않았다는 사실은 놀랍다. 당시 집고양이는 명백히 외국에서 들여온 동물이었는데, 쥐를 잡는 능력이 탁월하다는 이유로 그 가치를 인정받아 왕실 차원에서 보호법을 제정하기도 했다. 이 나라에서 길든 고양이에 관한 가장 오래된 기록은 서기

948년, '선량한 호웰' 왕자의 법령에서 찾을 수 있다. 호웰 왕자는 고양이를 해치거나 훔친 자에게 정당하면서도 다소 원시적인 벌을 내렸다. 하나는 암양 한 마리와 그 털, 새끼로 배상하는 것이었고, 다른 하나는 고양이를 꼬리로 매달아 머리만 땅에 닿게 한 뒤, 꼬리 끝까지 덮을 수 있는 분량의 밀을 왕실 곡물 창고에 바치는 것이었다.

세계 여러 지역의 집고양이는 때때로 그 지역의 야생 고양이와 교미하며, 나라 간에 운반되기도 한다. 따라서 오늘날 우리가 기르는 고양이는 복합적인 혈통을 지닌 것으로 보아야 할 것이다. 비록 그 흔적이 뚜렷하지는 않더라도, 영국산 줄무늬 고양이tabby의 훌륭한 품종에는 토착 야생 고양이의 피가 일부 섞여 있을 가능성도 있다. 일반적인 생각과 달리, 동물학에서는 집고양이를 아름다운 고양잇과*Felidæ* 동물의 대표로 간주하지 않는다. 대신 야생 고양이가 대표로 선정되어 *Felis cactus*라는 학명을 부여받았다. 여기서 *Felis*는 속genus, *catus*는 종species을 뜻하며, 둘 다 고양이를 의미한다는 점은 독자들도 어렵지 않게 이해할 수 있을 것이다.

  이 장의 목적은 알려진 모든 야생 고양이 종을 설명하는 것이 아니다. 야생 고양이들, 예를 들어 아메리카의 팜파스고양이Pampas cat, 콜로콜로Colocolo, 아프리카의 차우스Chaus와 서벌Serval, 인도의 표범고양이Leopard cat나 비베린Viverrine 등을 설명하다 보면 이른바 '호랑이고양이'라 불리는 오실롯Ocelot과 리만 다한Riman-Dahan 등의 대형종으로 이어지며, 이들 간에 뚜렷한 구분을 지을 수 없음을 알게 된다. 결국엔 그렇게 표범을 거쳐 마침내 '짐승의 왕'이라 불리는 사자에까지 이르게 된다. 오늘날 알려진 고양잇과 동물 중에서 독립된 종만 해도 50여 종이 넘는다. 여기에 가축으로서 '품종'이라 불리는 유전적으로 고정된 변이와, 색상 등의 다양한 우연적 변이까지 포함하면 그 수는 훨씬 더 많아진다.

  이 가운데 진짜 야생 고양이, 즉 영국 야생 고양이는 주목할 만하다. 이들은 영국에 자생하는 유일한 야생종이지만 오늘날에는 이 섬에서 거의 자취를 감춘 상태다. 마지막 서식지는 스코틀랜드의 외딴 지역에 한정되

고양이의 일반적 특성   005

<야생 고양이>

었으며, 그마저도 개체수가 점점 줄어 현재는 실제로 존재하는지조차 확실치 않다. 하지만 유럽 대륙과 북아시아에는 여전히 소규모 지역 변이를 지닌 채 살아남아 유럽 야생 고양이라고 불린다. 노르웨이나 스웨덴을 포함한 유럽 북부에서는 발견되지 않으며, 이 지역에서는 스라소니가 그 자리를 대신하고 있다. 이 영국 야생 고양이는 우리가 익숙하게 아는 집고양이보다 훨씬 크고 늠름한 체격을 자랑한다. 이들은 강건한 근육질의 몸매를 지닌 완벽한 줄무늬 고양이로, 성격이 매우 사나워 '영국의 호랑이'라는 별명이 붙었다. 수컷의 경우 코끝에서 꼬리 뿌리까지의 몸길이는 약 28인치(약 71cm), 꼬리는 약 13인치(약 33cm)로 다른 종과 비교해 다소 짧은 편이다. 집고양이의 꼬리가 끝으로 갈수록 가늘어지는 것과 달리, 영국 야생 고양이의 꼬리는 전체적으로 굵기가 일정하여 서벌의 꼬리와 유사한 형태를 보인다. 흥분했을 때는 다른 고양이들처럼 꼬리가 부풀어 오르며, 그 모습은 마치 근사하게 퍼진 브러시brush를 연상시킨다.

토끼와 그보다 작은 설치류, 다양한 날짐승이 많은 농촌 지역에서는, 헛간의 고양이들이 유혹을 이기지 못하고 숲으로 들어가는 일이 자주 발생한다. 이들은 야생의 본능을 놓지 않는 낭만적인 삶을 택한다. 그러한 부모에게서 태어난 새끼 고양이는 가정의 따뜻한 난롯가에 전혀 미련을 두지 않는다. 성격은 매우 야성적이고, 경계심도 크다. 만약 사냥터지기들과 다른 인간들의 끊임없는 감시와 박해가 없었더라면—이들은 진짜 야생 고양이를 비롯해 수많은 희귀하고도 흥미로운 생물들을 이 땅에서 몰아낸 주범이기도 하다—그 고양이들은 아마도 몇 세대에 걸친 자연 번식만으로 자생종으로 정착할 수 있었을 것이다.

제2장
고양이의 일반적 특성 (계속)

얼마 전, 나는 리젠트 파크 동물원에서 태어난 새끼 고양이 두 마리를 기르게 되었다. 이들은 수년째 겨울철 조류용 우리에서 함께 지낸 삼색 집고양이와 영국 야생 고양이 사이에서 태어난 새끼들이다. 이들이 태어난 초승달 모양의 우리는 원래 조류용으로 설계되었으나, 몇 해 전부터는 새보다 새를 지켜보는 데 더 관심이 많은 동물의 차지가 되었다. 그곳에서는 이 두 고양이 외에도, 바로 옆 우리에 자리한 비베린도 볼 수 있었다. 비베린 고양이라는 명칭은 주둥이의 형태가 사향 고양잇과

*Viverridae*에 속하는 사향고양이를 닮았다고 하여 붙은 것이다. 그러나 이름의 유래와 관계없이 비베린 고양이는 일반 고양이의 특성을 고스란히 지니고 있다. 특히 물고기를 좋아하는 성향이 두드러지는데, 얕은 물에서 물고기를 잡아내는 솜씨가 탁월해 흔히 '낚시 고양이'라고도 불린다. 내가 언급한 개체는 웨일스 왕세자가 인도에서 들여와 동물학회Zoological Society[i]에 기증한 것이다. 이 조류용 우리에는 사향고양이, 아시아사향고양이 등 다른 흥미로운 동물들도 함께 전시되어 있다.

다시 새끼 고양이 이야기로 돌아가 보자. 아직 기어다니기 시작한 지 얼마 안 된 새끼들은 작은 몸으로 나를 향해 쉿 소리를 내며 맹렬하게 위협하는 반응을 보였다. 아마도 사육사 외의 사람을 처음 보았기 때문이었을 것이다. 나는 그중 붉은 얼룩 고양이와 삼색 고양이를 골랐다. 내가 선택한 붉은 얼룩 고양이는 대개 그렇듯 수컷이었으며, 비록 털색은 달랐지만, 성질과 기질은 분명히 아버지를 닮은 듯했다. 나는 생후 7주도 채 되지 않은 시기에 둘을 데려왔다. 이들이 보인 행동은 길든 집고양이의 새끼와 전혀 달라서 매우 인상 깊었다. 조금만 놀라거나 기분이 상해도 하얀 송곳니를 드러내며 으르렁거렸고, 우유를 주면, 소리내며 서로를 경계했다. 고기를 던져주면 절대 나란히 앉아 먹는 법이 없이 반대편 구석으로 물고 가 서로를 의식하며 먹었다. 마지막 한 점을 먹을 때까지도 기싸움은 멈추지 않았다. 한 번은 고깃덩이를 두고 줄다리기하듯 실랑이를 벌였는데, 아직 어린 새끼들이라 이빨이 상할까 걱정되어 떼어놓아야 할 정도였다. 그러나 식사 중이 아닐 때의 삼색 고양이는 전혀 다른 모습이었다. 온순하고 애교를 부릴 줄 알았으며, 몸짓에 사랑스러운 기색이 어려 있어 단숨에 내 마음을 사로잡았다. 반면 얼룩 고양이는 조용하고 냉정한 편이었으며, 항상 예민하게 주변을 살펴 그 기분을 짐작하기 어려웠다. 둘 중 어느 쪽을 더 좋아했는지 묻는다면 쉽게 답하긴 어렵다. 얼룩 고양이의 경우에는 타고난 기질을 숨기지 않고 그대로 드러내는 점이 인상 깊었다. 나는 그런 고귀한 성향은 결코 억누르거나 바꾸어서는 안 된다고 생각했다. 말로 설명하기 어렵지만 삼색 고양이와는 분명 정신적인 교감이 있었다. 드라이든이 길든 표범에 관해 쓴 시는, 이 작은 두 짐승에 대한 나의 감정을 거의 완벽히 대변해 주고 있다 (15쪽 참조). 안타깝게도 이들은 생후 석 달도 채 되지 않아 같은 날 짧은 생을 마감하고 말았다. 원인은 급성 중독사로 추정된다. 지금은 박제로 남아 유리 진열장 안에 잘 보존되어 있다.

이집트인들이 고양이를 경외의 대상으로 여긴 이유는 이 신성한 동물이 지닌 실용적 효용—이를테면 생식능력이 강하고 성장 속도가 빠른 설치류, 즉 쥐와 들쥐의 번식을 억제하는 데 이바지한 점—을 생각하면 쉽게 수긍이 간다. 고대의 기록에 따르면 이집트에는 방대한 양의 곡물이 저장되어 있었고, 이 작은 동물들이 그 저장고에 해를 끼쳤음은 충분히 짐작할 만하다. 고양이의 쥐 잡이 능력은 오늘날에도 널리 알려져 있어 굳이 설명할 필요조차 없다. 얼마 전, 한 지인이 들려준 이야기다. 그는 새집으로 이사하면서 늘 아끼던 고양이를 함께 데려갔고, 관례대로 발바닥에 버터를 발라주는 의식을 치렀다.[1] 또, 낯선 환경에 익숙해지도록 풍성한 음식도 제공해 주었다. 다음 날 아침에 하녀가 부엌에 들어가 보니 벽난로 앞 깔개 위에 쥐 열네 마리가 죽어 있었는데, 그중 대부분은 머리가 잘려 있었다. 고양이들이 사냥감의 머리를 유독 좋아하는 경향은 예전부터 알려져 있으며, 그건 길든 고양이든 야생 고양이든 마찬가지다.

고양잇과 동물의 특징 중 하나는 소리 없는 걸음걸이다. 런던 동물원의 넓은 우리 안을 돌아다니는 커다란 호랑이마저도 그 발소리는 거의 들리지 않는다. 고양이는 발 뒷부분을 들어 올려 발가락으로 걷는 동물로, 말 그대로 '발끝 걷기'를 완벽하게 수행한다. 발가락 아래에는 우리가 흔히 '패드pad'라고 부르는 매우 탄력성 있는 막이 덧대어져 있다. 이 패드 덕분에 고양이는 사냥감에 몰래 다가갈 수 있으며, 언제나 특유의 부드럽고

---

1 고양이의 발에 버터를 바르는 전통은 고양이가 새로운 환경에 적응할 수 있도록 돕기 위한 방법으로 알려져 있다. 그 이유는 두 가지로 추정된다. 첫째, 고양이가 버터를 좋아하기 때문에 발자국을 핥으며 집안 곳곳에 익숙해질 수 있다는 주장, 둘째, 고양이가 집을 벗어날 경우, 버터의 흔적을 따라 집으로 돌아오게 만든다는 믿음이다. 이는 전혀 과학적 근거가 없는 미신으로 밝혀졌으나 현대에도 여전히 믿는 사람들이 있다.

조용한 기품을 잃지 않는다. 날카로운 발톱을 자유자재로 숨길 수 있는 발가락의 구조 역시 타고난 포식자답게 진화한 결과다. 이 유용한 무기는 평상시에는 정갈하게 감춰져 있다가, 필요할 때는 순식간에 모습을 드러내어 공격이나 방어에 쓰인다. 먹잇감을 움켜쥐거나 나무를 탈 때는 갈고리처럼 기능하기도 한다.

고양이는 감각이 매우 발달한 동물이다. 특히 청각은 예민하기로 으뜸이다. 후각은 개를 비롯한 다른 동물들보다 둔한 편이나 청각과 시각만큼은 그 어떤 동물보다 뛰어나게 활용한다. 고양이는 지저분한 냄새를 몹시 싫어하지만, 특정한 향기에는 유달리 민감하게 반응한다. 다양한 꽃향기를 즐기는 듯한 행동을 보이는데, 유독 개박하나 쥐오줌풀 향기에 열광하기로 유명하다. 고양이는 어두운 곳에서도 생쥐나 움직이는 작은 물체를 정확히 포착한다. 이는 고양이가 우리나 대부분의 동물보다 훨씬 약한 빛만으로도 가까운 대상을 식별할 수 있다는 뜻이다. 물론 칠흑 같은 어둠이 고양이의 시력에 유리한 환경은 아니다. 고양이가 어둠 속에서 잘 본다는 말은 어디까지나 상대적인 의미로 이해해야 한다. 고양이의 동공은 우리와 마찬가지로 어두운 곳에서는 확장되어 가능한 한 모든 빛을 받아들이고, 반대로 밝은 낮에는 타원형으로 좁아진다. 특히 가장 강한 빛 아래에서는 단 한 줄로 수축한다. 이는 사자나 호랑이에게는 없는 고양이만의 특징이다. 고양이의 눈에 이어서 또 하나 주목할 만한 감각 기관은 바로 수염이다. 일반적으로는 '수염'이라고 불리지만 실제로는 '촉수'라고 부르는 게 더 정확할 만큼 섬세한 기능을 지닌 감각 기관이다. 마치 양파처럼 생긴 큰 뿌리를 지닌 이 억센 털은 피부 깊숙이 박혀 있으며, 예민한 신경과 직접 연결되어 뇌와 소통한다. 고양이는 이 수염을 통해 주변 물체의 존재를 감지하고, 장애물에 불필요하게 부딪히지 않도록 움직임을 조절한다.

이처럼 고양이는 그 신체적 구조만 보아도 자기 본능과 필요를 실현하기에 가장 완전하고 아름답게 설계된 존재임을 알 수 있다. 벨벳처럼 부드러운 발바닥으로 걷는 조용한 걸음, 신중하게 감춰진 뾰족한 발톱, 무시무

시한 송곳니, 예리한 눈, 그리고 가볍고 유연하면서도 정확한 몸짓—이 모든 특징은 벵골호랑이 같은 대형 고양잇과 동물에서부터 오늘날의 집고양이에 이르기까지, 고양이라는 동물을 생명체 가운데 가장 우아하고 매혹적인 존재로 만들어준다.

> 표범은, 사슴 다음으로 가장 고귀한 존재이고,
> 점박이 짐승들 가운데 가장 아름다운 피조물이다.
> 오, 그 타고난 얼룩만 씻어낼 수 있다면,
> 그녀는 포식하는 짐승이라기엔 너무도 아까운 존재였으리라!
> 어떻게 하면 그녀를 칭찬하거나 책망하면서도, 단 한 사람의 마음도 상하게 하지 않을 수 있을까?
> 어떻게 하면 친구인 그녀로부터 결점을 떼어낼 수 있을까?
> 그녀의 죄와 미덕은 너무도 뒤엉켜 있어,
> 온전히 단죄할 수도, 온전히 놓아줄 수도 없다.[2]

---

[2] 영국의 시인, 극작가이자 비평가인 존 드라이든(1631-1700)의 시, "사슴과 표범"에서 일부 발췌한 부분이다. 이 시는 원래 17세기의 종교적, 정치적 논쟁을 우화적으로 표현한 작품이지만 여기선 반려묘에 대한 작가의 감정을 대변하는 데 사용되었다.

고양이의 신체에서 주목할 만한 또 하나의 특징이 있다. 바로 눈에 띄게 느슨한 피부다. 고양이의 피부는 섬유층을 사이에 두고 살과 헐겁게 연결되어 있다. 이 느슨한 피부는 다양한 상황에서 일종의 보호막 역할을 하며, 특히 다른 고양이와 다툼이 벌어질 때―이런 일은 가끔 일어나곤 한다―큰 도움이 된다. 이러한 특성은 런던 동물원에 전시된 재규어나 다른 대형 고양잇과 동물들에게서도 자주 관찰된다. 특히 활달하게 뛰노는 어린 개체에서 더욱 뚜렷하게 드러난다. 이들이 갈고리처럼 휜 날카로운 발톱으로 서로 엉겨 붙어 다투는 모습을 보다 보면 자칫 심각한 부상이 생기지 않을까 싶을 정도다. 만약 이들이 말이나 돼지, 소처럼 피부가 몸에 단단히 밀착된 동물이었다면, 그런 난폭한 몸싸움은 훨씬 더 큰 부상으로 이어졌을 것이다. 하지만 고양이들이 서로를 제대로 움켜쥐고 싸우는 경우는 드물다. 발톱에 딸려 움직이는 느슨한 피부가 발톱이 몸통 깊숙이 파고드는 것을 막아주기 때문이다.

지금부터 소개할 이야기는 20여 년 전, 검은색과 흰

색이 섞인 어린 수컷 고양이에게 실제로 일어났던 일이다. 고양이들이 지닌 독특한 정신적 자질—탁월한 기억력과 놀라운 예지력—을 보여주는 좋은 사례 같아 여기에 기록해 두고자 한다.

그 집은 전체가 물결무늬 철판으로 덮여 있었고, 지붕이 벽과 맞닿는 부분에 틈이 있어 공기가 잘 통했다. 덕분에 지붕 안쪽 공간은 수많은 참새와 찌르레기 무리가 번식하기에 안성맞춤인 장소가 되었다. 계단 꼭대기의 작은 출입문을 통해 사람이나 다른 동물들도 지붕에 드나들 수 있었다. 이 집은 정사각형 구조에 제법 넉넉한 규모를 지닌 이층집이었다. 이처럼 집의 구조에 대해 미리 설명하는 것은, 이어지는 사건을 독자들이 더 쉽게 이해할 수 있도록 하기 위함이다.

어느 날 우리는 지붕에 보관해 두었던 작은 나무판자 몇 개를 가지러 가벼운 사다리를 이용해 지붕으로 올라갔다. 그런데 우리가 눈치채지 못한 사이에 고양이도—아마도 남자 하인과 나의 뒤를 쫓아—전혀 다른 동기에 이끌려 지붕으로 향했다. 당시 계절은 초여름이었고, 분명 어딘가에서 들려오던 새들의 지저귐이 녀석을 자극했던 듯하다. 녀석을 데리고 내려온 직후, 우리는 곧장 출입문을 닫고 사다리도 제자리에 돌려놓았다. 한 달쯤 지나, 나는 다시 지붕에 올라갈 일이 생겨 건물 반대편에 보관된 사다리를 가지러 갔다. 사다리를 뒷마당에 가져다 놓고 현관으로 들어가려던 순간, 녀석은 놀라울 정도로 흥분하며 기뻐하기 시작했다. 그 사다리는 평소 야외 가로등에 불을 켜거나 창문을 닦는 등 다양한 용도로 쓰였다. 그러니 녀석은 이미 여러 차례 사다리를 본 적이 있었을 것이다. 그런데 이번에는, 녀석이 매우 현명한 추론을 통해 내 의도를 간파한 것이 분명했다. 꼬리를 꼿꼿이 세운 채 사다리 곁을 맴돌며, 고양이 특유의 진지하고도 행복한 목소리로 계속 말을 걸어왔다. 내가 계단 통로로 들어가 사다리를 들어 올리자, 녀석은 다람쥐처럼 재빠르게 지붕으로 올라갔다. 나를 기다리는 듯했던 녀석은 내가 출입문을 열자마자 금세 시야에서 사라졌다. 나 역시 올라갈 참이었지만, 먼저 녀석이 돌아오기를 기다리기로 했다. 얼마 지나지 않아 참새 한 마리를 입에 문 녀석이 사다리를 한 칸씩 디디며 내려왔다. 나는 필요한 물건을 챙겨 내려온 뒤 출입문을 닫고, 사다리를 다시 제자리에 돌려놓았다. 그 이후로 지붕 위의 새들은 더 이상 방해 받지 않고 평화로운 나날을 보낼 수 있었다.

그 무렵, 친척 집에서 키우던 삼색 고양이가 나를 매우 따르게 되었다. 녀석은 나를 꽤 좋아해서 내가 문을 두드리는 소리까지 구별해낼 정도였다. 내가 문을 두드리면 정다운 울음소리를 내며 복도로 마중 나왔다. 녀석은 이미 많은 새끼를 키워낸 성숙한 고양이였지만, 인생의 수고로움을 겪고도 참으로 기이하면서도 사랑스러운 습관 하나를 간직하고 있었다. 그것은 바로 내 늘어진 귓불을 입에 넣고 빠는 버릇이었다. 나는 그 행동을 특별히 불쾌하게 여기지 않았지만, 다른 이들은 달가워하지 않았다. 게다가 녀석은 처음 보는 사람에게도 같은 장난을 시도하려 들었고, 그 결과 종종 무례한 방식으로 쫓겨나기도 했다.

고양이를 사랑하고 그들의 습성을 관찰한 이라면, 두

고양이가 나란히 앉아 서로의 얼굴과 귀를 정성스럽게 핥아주는 모습을 본 적이 있을 것이다. 얼마 전, 나는 무릎 위에 올려놓은 두 마리의 사랑스러운 아기 고양이 덕분에 기분 좋은 웃음을 지을 수 있었다. 녀석들은 서로의 얼굴과 귀를 핥으려는 마음이 똑같이 강해, 누가 먼저 시작할지를 두고 한참 실랑이를 벌였다. 그러다 마침내 한 마리가 결심한 듯, 왼팔로 형제의 어깨를 끌어안았다. 그러고는 오른발을 뺨 위에 올린 채 짧고 둥근 귀를 핥고, 가볍게 깨물더니, 한껏 만족스러운 표정을 지었다. 그 모습을 바라보는 형제 역시 똑같이 행복해 보였다. 당시 둘은 이제 막 생후 두 달이 지난 어린 새끼들이었다.

잘 알려진 바와 같이, 고양이는 귀소 본능을 놀라운 수준으로 발휘하는 경우가 있다. 수년 전, 해병대의 한 장교가 진급을 계기로 플리머스 스톤하우스의 숙소에서 포츠머스로 이사를 하게 되었다. 그는 특별히 아끼던 생후 약 12개월 된 검은 수컷 고양이를 바구니에 담아 기차 편으로 먼저 보냈다. 그런데 무사히 도착한 고양이는 다음 날인 일요일 오후 갑자기 자취를 감추었고, 그로부터 한 주가 완전히 지난 수요일 저녁, 사랑하던 옛 집의 정원에서 기적처럼 발견되었다. 고양이를 잘 알고 지내던 이웃이 곧바로 녀석을 알아보고 보호해 주었다. 단단히 덮인 바구니 안에 갇혀 기차로 이동했던 상황을 생각하면, 어떻게 길을 찾았는지는 도저히 짐작조차 가지 않는다. 두 지역 간의 거리는 직선으로 약 130마일(약 209km)에 이르며, 걸린 시간은 열흘 남짓이었다. 이 놀라운 일이 벌어졌을 당시 나는 마침 스톤하우스에 거주하고 있었으며, 이 이야기는 모두 내 기억에 따라 전하는 것이다. 벌써 약 19년 전의 일이다.

제3장
먹이와 영양

 고양이는 여러 면에서 매우 강인한 동물이라 아홉 개의 생명을 지녔다는 평판을 얻고 있지만, 그렇다고 해서 돌봄 없이도 거뜬히 살아갈 수 있는 강철 같은 체질이라 여겨서는 안 된다. 고양이만큼 정당한 관심에 잘 보답하는 동물도 드물다. 고양이가 바라는 것은 많지 않으며, 그 요구 또한 지극히 단순하다. 반려동물을 기르는 사람이라면 누구든 먼저 그 동물의 본성과 필요를 이해하고, 그에 대한 지식을 사려 깊고 올바른 마음으로 활용할 책임이 있다. 그리고 실제로 겪어보는 경험 또한 훌륭한 스승이 되는데, 사전 지식이 뒷받침된다면 그 가치는 더욱 커진다.

고양이는 본래 순수한 육식 동물이므로 주된 식사는 동물성 음식으로 이루어져야 한다. 그러나 오랜 세월 인간과 함께 살아온 결과, 집고양이는 비교적 다양한 종류의 음식을 소화할 수 있는 체질로 변했다. 집고양이의 장은 야생종보다 약간 더 길고 다소 넓다고 한다. 이는 본능적으로 단순하고 영양가 높은 먹이를 선택해 온 야생 고양이와 달리, 비교적 복잡한 식단을 소화하기 위해 소화 과정이 길어진 결과다. 그런데도 고양이는 여전히 신이 창조한 대로 완벽한 포식 동물이다. 소나 영양, 양과 같은 반추동물에게서 볼 수 있는 복잡한 위장이 없고, 말이나 코끼리, 돼지와 달리 맷돌처럼 생긴 완전한 어금니도 없다. 고양이의 구강 구조는 사자, 표범, 오실롯, 스라소니 등의 다른 고양잇과 동물과 마찬가지로 살아 있는 먹이를 붙잡고, 찢고, 삼키기에 완벽하게 설계됐다. 고양이의 이빨을 살펴보면 네 개의 크고 강한 송곳니가 가장 먼저 눈에 띈다. 이 송곳니는 먹이를 붙잡고 물어 나르거나, 적에게 치명적인 일격을 가하는 데 쓰인다. 또한 고양이는 사냥한 쥐나 새를 원래 있던 자리에서 가능한 한 멀리 떨어진 곳으로 옮겨 놓는 습성이 있다. 사냥의 첫 동작은 발톱으로 이루어지며, 개처럼 이빨만으로 사냥감을 붙잡는 일은 드물다. 송곳니 사이 앞쪽에는 작은 앞니 여섯 개가 나 있고, 그 뒤로는 물고 씹는 데 쓰이는 뒷어금니와 앞어금니가 배열되어 있다. 고양이의 치아 배열은 다음(각각 i는 앞니, c는 송곳니, p는 앞어금니, m은 뒷어금니를 뜻함.)과 같다.

$$i \begin{Bmatrix} 3-3 \\ 3-3 \end{Bmatrix} \ e \begin{Bmatrix} 1-1 \\ 1-1 \end{Bmatrix} \ p \begin{Bmatrix} 3-3 \\ 2-2 \end{Bmatrix} \ m \begin{Bmatrix} 3-3 \\ 2-2 \end{Bmatrix} 30.$$

고양이의 유치는 개수 면에서는 영구치와 같지만, 어금니는 유치가 존재하지 않고 영구치로만 나타난다. 생후 2~3주 사이부터 앞니를 시작으로 송곳니와 어금니가 돋으며, 생후 6주가 되면 모든 이빨이 난다. 생후 7개월이 지나면 유치가 전부 빠지고 영구치로 대체된다. 새끼 고양이의 이빨 수는 총 26개이다. 또한 쉽게 관찰할 수 있듯, 아래턱의 이빨은 위턱의 이빨 안쪽으로 물린다. 고양이의 턱은 위아래로만 움직이도록 맞물려 있어, 사람처럼 옆으로 비비듯 움직이며 음식을 가는 것이 불가능하다. 말이 먹이를 씹을 때처럼 옆으로 움직이는 동작은 할 수 없고, 대신 고양이와 다른 육식동물은 머리를 홱홱 움직이며 고기와 뼈를 찢고 부순다.

우리 모두 고양이 혀의 거칠고 까슬까슬한 감촉에 익숙할 것이다. 이 까칠한 혀는 고양이는 물론 모든 고양잇과 동물에게 공통으로 나타나는 특징이다. 고운 윤기와 아름다움을 자랑하는 털을 손질할 때, 고양이의 혀는 빗과 솔, 스펀지를 겸한 도구로서 중요한 역할을 한다.

집고양이는 어디까지나 순수한 육식 동물이므로 본성에 부합하는 성질의 음식을 먹어야 한다. 고양이가 하루에 섭취해야 하는 식사량을 정확한 수치로 단정하기는 어렵다. 이는 관찰과 올바른 판단, 그리고 경험을 통해 조절할 수밖에 없다. 들쥐나 작은 사냥감이 풍부하고 우유 공급이 넉넉한 농가에 사는 고양이라면, 고기를 많이 먹이지 않아도 큰 문제가 되지 않는다. 하지만 그보다 덜 호의적인 환경, 특히 일반 가정에서는 고양이가 종종 궁핍을 겪는다. 대가족 가정에 고양이가 한두 마리뿐이라면 먹다 남은 음식 조각으로도 고양이의 식사를 충당할 수 있다. 하지만 절약이 절실한 소규모 가정에서는 불쌍한 고양이가 제대로 먹지 못하는 일이 생기기 쉽다. 이럴 땐, 고양이가 건강하고 만족스러운 상태를 유지할 수 있도록 '고양이용 고기'를 일정량 구매해야 한다. 대도시에서는 고양이 고기—보통 끓인 말고기가 제공된다—를 파는 상인의 독특한 외침을 흔히 들을 수 있다.

병든 말고기를 먹었다고 해서 고양이가 병에 걸릴 위험은 거의 없다. 말고기는 가격이 저렴하고 취급이 편리할 뿐 아니라 고양이가 특히 좋아하는 음식이다. 다만 썩은 말고기는 매우 해로우므로 구매자가 고기를 고를 때 조금만 신경을 쓴다면, 일명 '내커knacker[3]'라고 불리는 말 도축업자들도 그에 맞춰 고기의 상태를 더 잘 관

---

3 병들거나 늙은 동물, 그중에서도 주로 더 이상 노동이 불가능한 말을 도축하거나 처리하는 일을 전문으로 하던 사람을 일컫는다. 어원은 16세기 말 '마구 제작자'를 뜻하는 단어에서 유래한 것으로 보이며, 18세기까지 방언으로 남아 있었다. 이후 말과 관련된 다양한 일을 돕던 이들이 폐마 도축을 맡게 되면서 그 의미가 확장되었다.

리하게 될 것이다.

  소나 양의 허파는 고양이에게 훌륭한 먹이인데, 양의 허파가 특히 좋다. 허파는 보통 삶아서 준다. 삶았을 때 더 오래 보관할 수 있고, 양을 많이 줄 경우에도 삶아서 주는 편이 낫다. 다만, 가끔은 날것으로 주어도 괜찮다. 그러나 허파나 단단한 부위의 고기를 지나치게 자주, 많이, 그리고 특히 신선하지 않은 상태의 날것으로 먹이면 설사를 유발할 수 있다. 이 경우, 평소 깔끔하고 규칙적인 습성을 지닌 고양이도 실내에서 불쾌한 냄새를 풍길 수 있다. 삶은 허파는 영양가가 그리 높지 않기 때문에 비교적 넉넉히 주어도 무방하다. 날고기는 적당히만 주면, 고양이에게 이롭고, 특히 들쥐나 다른 사냥감이 없는 환경에서는 활력을 북돋는 데 도움이 된다.

  고양이는 대체로 소고기보다 양고기를 더 좋아하지만, 굶주린 상태가 아니라면 기름진 고기는 아예 입도 대지 않는다. 기름진 음식은 고양이의 체질에 전혀 맞지 않으므로 절대 주어서는 안 된다. 식단에 변화를 주고 싶을 때 생선은 매우 좋은 선택이다. 고양이가 가볍고 시원한 음식을 특히 좋아한다는 사실은 널리 알려져 있다. 토끼나 산토끼는 고양이에게 최고의 별미이며, 그 이상으로 대접할 수 있는 것이 없다. 꿩이나 메추라기 같은 야생 조류도 이에 비견할 만하다.

성묘라면 하루 한 끼의 식사와, 아침에 마시는 약간의 신선한 우유만으로도 충분히 건강하게 지낼 수 있다. 여기에 단맛이 살짝 도는 마른 흰빵을 조금 곁들여도 좋다. 나머지는 자연의 섭리에 맡겨도 무방하다.

이 지점에서 고양이를 기르는 이들에게 한 가지 경고를 덧붙이고자 한다. 바로 과식시키지 말라는 것이다. 급식 시간은 규칙적으로 정해두는 것이 좋은데, 그 까닭은 다음과 같다. 아무 때나 먹이를 받는 동물은 하루 종일 기대하며 주인을 바라보고, 끊임없이 무언가를 요구하며, 그 간절한 눈빛은 당연히 주인의 애정을 끌어낸다. 반면, 정해진 시간에 먹이를 받는 동물은 식욕이 생겼을 때 즐겁게 식사를 할 수 있으며, 그 외 시간에는 주인을 귀찮게 굴지 않는다. 동물, 특히 고양이를 기를 때는 두 가지 실수를 피해야 한다. 하나는 무관심하거나 마지못해 돌보는 태도, 다른 하나는 아무 생각 없이 간식을 주거나 약한 마음으로 지나친 애정을 쏟는 태도다.

깨끗한 물을 항상 고양이가 쉽게 닿을 수 있는 곳에 두는 것이 좋다. 고양이는 원래 물을 많이 찾는 동물은 아니지만, 무더운 건기나 갈증을 유발하는 음식을 먹은 뒤에는 물을 찾게 된다. 무엇보다 고양이가 어디서 무엇을 주워 먹을지 알 수 없다는 점도 고려해야 한다.

대체로 고양이는 제대로 된 보살핌을 받지 못하는 경우가 많다. 이와 관련해 한 가지 조심스럽게 덧붙이자면, 크고 건강한 고양이라면 가끔 단식을 시키는 것이 큰 도움이 될 수 있다. 단, 이 조언은 신중히 받아들이길 바라며, 판단은 독자의 분별력에 맡기고자 한다.

음식은 절대 오래된 그릇에 담지 말고, 특히 우유는 반드시 깨끗이 씻은 접시나 용기에 담아 주어야 한다. 고양이가 남긴 음식을 그대로 방치하지 말고, 다른 방식으로 처리해야 한다. 모든 고양이는 양파 냄새를 극도로 불쾌해한다. 아무리 좋은 고기라도 양파 냄새가 배어 있다면 외면하는 경우가 생긴다.

고양이는 때로 곤충을 사냥하며 먹기도 한다. 특히 어린 고양이나 장난기 많은 고양이는 바퀴벌레를 가지고 놀며 재미를 느끼거나, 심심풀이 삼아 먹는다. 귀뚜라미는 고양이에게 있어 어쩌다 한 번 운 좋게 사냥에 성공하는 진귀한 먹잇감이다. 파리는 창가가 아니면 잡기 어렵고, 고양이를 여위게 만든다고 한다. 딱정벌레는 특별한 해를 끼치지 않는다. 아프리카처럼 메뚜기떼가 출몰하는 지역에서는 사자나 다른 육식 동물도 메뚜기를 대량으로 섭취한다.

우유는 일반적으로 인간뿐만 아니라 동물에게도 끓여서 주는 편이 훨씬 좋다. 고양이는 가족의 식탁에 올라온 빵과 우유도 기꺼이 받아먹을 것이며, 소박한 오븐구이 쌀 푸딩처럼 우유를 주재료로 한 단순한 음식도 마다하지 않고 잘 먹는다.

제4장
사육과 관리

 앞 장에서는 우리의 난롯가 친구에게 알맞은 먹이와 영양에 대해 간략히 살펴보았다. 이제는 생의 여러 시기와 조건, 그리고 각자가 처한 다양한 상황 속에서 고양이를 어떻게 돌보고 다루어야 할지를 살펴보고자 한다. 고양이의 삶은 그들을 맡아 기른다고 자처하는 이늘의 자비에 따라 행복해질 수도, 비참해질 수도 있기 때문이다.

 고양이를 돌보는 일의 시작점부터 살펴보자. 이제 막 12주 남짓 된 사랑스러운 아기 고양이가 새 보금자리에

도착했다. 단순하며 명랑한 기질을 지닌 이 작은 생명은 자연스럽게 집 안에 스며들어, 따뜻한 마음을 지닌 가족 구성원들로부터 곧 호감을 얻을 것이다. 만일, 이 고양이가 좋은 혈통을 타고났고 안정된 환경에서 자라 건강한 상태라면, 조용한 관심과 정성 어린 보살핌만으로도 단정하고 얌전하게 행동하는 깔끔한 동물임을 스스로 증명해 보일 것이다. 고양이만큼 본능적으로 청결한 습성을 지닌 동물은 드물다. 이 타고난 미덕 덕분에 고양이는 흔히 사랑받는 반려동물로 집 안에 자리 잡는다. 잘 알려져 있듯, 고양이는 배설물을 감추기 위해 흙을 파는 본능을 지녔다. 마당이 없는 집에서는 재나 석탄 가루를 고양이 화장실로 이용하기도 한다. 바람직한 방법은 아닐지라도 카펫 위에 실수하는 것보다는 훨씬 나을 것이다. 실내에서 새끼 고양이를 돌볼 경우, 지름이 15인치(약 38cm) 이상 되는 넓은 화분 받침을 적당한 구석에 두고 그 안에 마른 흙이나 모래를 조금 깔아두는 것이 좋다. 흙은 많을 필요 없이 수시로 갈아주면 충분하지만, 고양이가 싫어할 정도로 지저분해지지 않도록 관리해야 한다. 이 방법을 한 번 시도해 보면 매우 효과적인 해결책임을 금세 알게 될 것이다.

새끼 고양이는 주마다 힘과 활기를 더해가며, 그 생기 넘치는 동작은 때때로 다소 거칠어 보일 수 있다. 그러나 그 천진한 장난기를 억누르거나 꺾으려 해서는 안 된다. 가장 까불거리던 새끼가 오히려 가장 훌륭한 성묘로 자라기 마련이다. 이들은 대체로 어린아이들의 큰 기쁨이 되며, 장난감처럼 함부로 다루지 않는다면 참으로 사랑스러운 놀이 친구가 되어준다. 고양이는 제각기 다른 기질을 지녔지만, 소란과 혼란을 싫어한다는 점에서는 모두가 같다. 그러므로 자녀들이 반려동물을 다루는 법에 대해 적절한 안내와 지도를 받는 일은 꼭 필요하다. 고양이는 본래 의지가 매우 강한 동물이라 억제당하는 일을 잘 견디지 못한다. 어린 고양이에게 제멋대로의 엉뚱한 행동과 기이한 버릇들을 조용히 허용하며 자유롭게 즐기도록 내버려두면, 그 고양이는 훗날 모두로부터 좋은 대접을 받으며 훌륭한 기개와 품성을 지닌 성묘로 자라날 것이다.

새끼 고양이는 밤에는 반드시 실내에 두어야 하며, 성장한 뒤에도 이러한 좋은 습관은 계속 이어져야 한다. 고양이를 밤마다 집 밖으로 내보내는 일은 흔히 있는 일이지만 여러모로 부적절할 뿐 아니라 한편으로는 잔인한 관습이기도 하다. 만약 당신의 고양이가 털에 윤기가 흐르고 항상 청결한 상태로 유지되기를 바란다면, 또 사랑스러운 반려동물로서 하루 종일 기운 없이 처져 있지 않기를 바란다면, 그리고 무엇보다 집 안에 쥐가 들끓지 않기를 원한다면, 밤에는 꼭 실내에 들여두고 가능하다면 집 안을 자유롭게 돌아다닐 수 있도록 하라. 이웃 뒷마당에서 밤마다 벌어지는 고양이들의 소란에 불평을 쏟는 사람 중에는 정작 자기 집의 얌전한 고양이가 그 합창의 주인공일 수 있다는 점을 까맣게 잊고 있는 경우가 종종 있다. 고양이는 때때로 외출을 고집하기도 하지만 제대로 보살핌을 받은 고양이는 대체로 사람의 곁과 아늑한 보금자리를 더 좋아하게 된다. 다만 아침이 밝자마자 제일 먼저 고양이를 바깥에 내보내 주는 습관을 들이는 것이 좋다.

고양이의 번식에 대해서는 보통 별다른 관심이나 계획 없이 자연에 맡기는 경우가 많다. 실제로도 결과는 자연스럽게 흘러가기 마련이다. 하지만 특정 품종의 고양이를 기르며 혈통을 보존하거나 개량하고자 하는 경우라면, 교배는 생각보다 간단히 진행할 수 있다. 암컷 고양이를 잘 살펴보다가 특유의 번식 징후가 처음 나타나면 절대로 바깥으로 나가지 못하도록 한다. 그런 다음 미리 정해둔 수컷 고양이를 들여 별채나 빈방처럼 분리된 공간에 하룻밤쯤 함께 머물도록 두면 된다. 이후 수컷은 감사 인사와 함께 돌려보낸다. 암컷을 일주일 이상 철저히 격리해 두면 대부분 무리 없이 교배가 마무리되고 약 56일이 지나면 출산한다. 새끼 고양이는 눈을 감고 태어나 생후 9일 무렵이 되어서야 비로소 눈을 뜬다. 집고양이는 야생 고양이보다 번식력이 훨씬 왕성해서 1년에 세 번까지도 새끼를 낳는 경우가 흔하다. 실제로 내 고양이는 예전에 열두 달 동안 스물두 마리를 낳은 적도 있었다. 번식력은 대체로 9년령 전후로 서서히 줄어든다. 야생 고양이는 보통 1년에 두 번 새끼를 낳으며,

임신 기간은 68일에 이른다는 이야기도 있는데, 사실이라면 매우 흥미로운 일이다.

새끼 고양이가 태어나면 그중 몇 마리를 없애는 것이 바람직하다. 이때 가장 덜 보기 좋고 희망 없는 개체를 골라야 한다. 하지만 어미가 사랑으로 품은 새끼들을 하나도 남김없이 빼앗는 일은 대단히 잔인하다. 새끼를 전부 잃은 어미 고양이는 극심한 괴로움을 겪으며, 그로 인한 증상은 뚜렷하게 드러난다. 듣기만 해도 가슴이 저린 어미 고양이의 울음소리는 너무나도 절절하여 오해할 여지가 없다. 한두 마리, 가능하다면 두세 마리 정도는 남겨 두는 편이 좋다. 물론 원한다면 전부 기를 수도 있다. 만일 새끼가 다섯 마리처럼 많은 경우, 한꺼번에 모두 없애기보다는 첫날 두 마리, 다음 날 다시 두 마리를 없앤다. 더 나은 방법으로는 둘째 날에 한 마리, 그다음 날 나머지를 차례로 줄이는 방식이 좋다. 가능한 한 어미 고양이가 눈치채지 않도록 조심스럽게 새끼를 데려가야 한다.

짧은 생을 끝맺는 방법으로는 물에 잠기게 하는 것이

아마도 가장 간단하고 확실하다. 다만 반드시 제대로, 완벽히 수행해야 한다. 물은 충분히 깊은 그릇에 준비하되, 약간의 따뜻한 물을 섞어 찬기를 없애둔다. 새끼는 완전히 물속에 잠기게 해야 하며 단 1초라도 수면 위로 떠오르게 해서는 안 된다. 인내심과 담력이 있다면 손으로 조용히 눌러 움직임이 멎을 때까지 기다리거나, 아니면 적절한 물건을 얹어 놓아도 된다. 생명이 꺼진 것처럼 보이더라도 꽤 오랜 시간 물속에 머물게 해야 한다. 나는 오래전, 일을 지나치게 성급히 처리하려다 쓰라린 교훈을 얻은 적이 있다. 특히 체격이 크고 힘센 개체를 처리할 때는 더욱 신중하게 세심한 주의를 기울여야 한다. 무엇보다 조용하고 침착하며, 단호해야 한다.

고양이는 새끼에 대한 헌신적인 사랑과 애착이 유독 두드러진 동물이다. 새끼를 지키기 위해서라면 어떤 위험도 마다하지 않으며, 여느 동물들보다 훨씬 자주, 자기 새끼가 아님에도 기꺼이 보살피는 모습을 보인다. 심지어 강아지나 다람쥐, 쥐, 고슴도치처럼 전혀 다른 동물의 새끼마저도 정성껏 품고 돌보는 사례가 보고된 바 있다. 다음에 소개할 감동적인 일화는 1884년 1월 20일, 런던 루스비 음악당이 전소된 대화재 당시 실제로 일어난 일이다. 이 이야기는 1884년 3월호 『애니멀 월드』에 실린 보도를 그대로 옮겨 소개하고자 한다.

"루스비 음악당의 공동 소유주였던 크라우더 씨는, 관객들 사이에서도 익히 알려진 삼색 줄무늬 고양이를 기르고 있었다. 당시 네 마리의 새끼를 둔 어미였던 그 삼색 고양이는 무대 뒤편 바구니 안에서 새끼들을 돌보도록 허락받은 상태였다. 화재가 발생하자, 어미 고양이는 광란에 가까운 모습으로 이리저리 달려가는 모습이 목격되었다. 무대 쪽 복도로 여러 차례 뛰어들려 했지만, 매번 자욱한 연기에 밀려 돌아오기를 반복했다. 그러다 잠시 후 새끼 한 마리를 입에 문 채 나타난 어미는, 물고 온 새끼를 아직 불길이 닿지 않은 작은 홀 안에 있던 주인의 발치에 조심스레 내려놓았다. 그러고는 또다시 연기 속으로 뛰어들더니 두 번째 새끼를 물고 돌아왔다. 세 번째 새끼를 데려올 무렵엔 눈조차 제대로 뜨지 못할 만큼 질식이 심한 상태였다. 그럼에도 어미는 멈추지 않았다. 잠시 새끼들을 바라본 그녀는 가지 말라고 말리는 사람들의 손길을 피해 다시 불길 속으로 몸을 던졌다. 모두의 애타는 기다림에도 불구하고 어미는 끝내 돌아오지 않았다. 그리고 다음 날, 그녀는 불길이 덮친 무대 뒤편에서 마지막 남은 새끼와 함께 탄화된 상태로 발견되었다."

제5장
집고양이의 품종

동물의 생명에 깃든 아름다움을 이해하지 못하는 이들에게 고양이는 그저 고양이일 뿐이다. 나는 고양이 전시회에서 다양한 품종이 한자리에 모여 있는 것을 보고 경탄을 금치 못하는 관람객들을 자주 보아왔다. 이들조차도 실은 친구의 집이나 길거리의 상점, 정원 등에서 여러 차례 다양한 고양이를 마주했을 터이다. 하지만 그 아름다움을 눈에 담지 못한 채 스쳐 지나갔을 뿐이다. 잘 기획된 전시회에서는 우수한 집고양이들이 줄지어 늘어서고, 색상과 성별 등에 따라 정돈된 모습으로 전시된다. 고양이에 대한 지식이 전혀 없는 이들이라면 누구나 그 뜻밖의 장관에 놀라워한다. 대규모 고양이 전시회는 일반적으로 장모종과 단모종으로 고양이를 분류한다. 이 두 범주는 다시 수컷, 암컷, 새끼 고양이, 중성 수컷 고양이로 세분되며, 수컷과 암컷은 색상에 따라 삼색, 흰색이 섞인 삼색, 갈색, 푸른색 혹은 은색, 붉은 줄무늬, 흰색 줄무늬, 얼룩 줄무늬 등으로 나뉜다. 이 외에도 보기 드문 색상의 고양이나, 꼬리가 짧거나 없는 맹크스Manx[4]도 별도로 분류된다. 이 장에서는 크리스텔 팰리스 전시회 등에서 기준으로 삼고 있는 각 부류의 주요 특징을 간단히 소개하고자 한다.

크리스털 팰리스에서 세계 최초의 고양이 전시회가 열린 1871년 7월 13일은 고양이 역사에서 기념비적인 날이다. 주최 측에게도 의미 있는 날이었음은 물론이다. 이 뜻깊은 행사를 기획한 왕립원예학회 회원이자 유명

---

4 영국과 아일랜드 사이에 위치한 맨섬Isle of Man에서 유래한 자연 발생 품종이다. 이 고양이는 선천적으로 꼬리가 없거나 매우 짧은 꼬리를 지닌 특징으로 잘 알려져 있으며, '맨섬 고양이', '맨스 고양이' 또는 '맹크스' 등으로 불린다. 오랜 세월 섬의 고립된 환경 속에서 독특한 유전형질이 보존된 결과로 추정된다.

한 동물 화가인 해리슨 위어 씨는 친절히 당시의 준비 과정을 직접 들려주었다. 위어 씨는 크리스털 팰리스의 관리자였던 아이작 윌킨슨 씨에게 전시회 아이디어를 제안하고, 출품 부문 구성, 심사 방식, 상금 규모 등 전반적인 계획을 수립했으며, 심사 위원으로도 참여했다. 운영은 자연사 부서의 윌슨 씨가 맡아 훌륭하게 마무리했다. 전시회는 큰 성공을 거두었고, 위어 씨는 이사들로부터 공식 감사와 함께 헌사의 문구가 새겨진 대형 은제 기념 잔을 선물로 받았다. 첫 전시의 성공에 힘입어 즉시 그해 연말에 열린 두 번째 전시[ii] 개최가 결정되었으며, 이듬해인 1872년에는 두 차례 열렸다. 이후로도 전시회는 해마다 꾸준히 이어져 오고 있다. 위어 씨는 기획 의도를 이렇게 밝혔다.

"내가 고양이 전시회를 열기로 한 것은, 고양이가 실제로 매우 유익한 가정 동물임에도 불구하고 부당하게 홀대받고 있다고 느꼈기 때문입니다. 사람들이 고양이에 대해 더 많은 자부심을 느끼고, 외모나 품종, 시장 가치 등을 기준으로 정성 들여 선택하게 된다면, 고양이들이 더 친절하고 책임 있는 대우를 받을 수 있을 거라 기대했습니다."

크리스털 팰리스 전시회의 성공과 모범적인 선례는 자연스레 에든버러, 버밍엄, 글래스고 같은 인구 밀집 도시들로 확산했고, 이제는 더 작은 지방 도시들도 매년 애묘가들의 전시회를 자랑할 수 있게 되었다.

이제 단모종 고양이들의 여러 품종을 하나씩 살펴보자.

삼색 고양이

'스페인 고양이'라고도 불리는 이 품종은 줄무늬 고양이 계열과는 매우 뚜렷하게 대비된다. 약간 붉은 기가 도는 황갈색 또는 모래색 털 위에, 검은 반점이나 얼룩이 불규칙하게 흩뿌려져 독특한 형태를 이룬다. 무늬가 워낙 불규칙하다 보니 개체에 따라 대단히 아름다워 눈길을 끌거나, 반대로 그다지 보기 좋지 못한 인상인 예도 있다. 삼색 고양이는 대체로 체구가 작다. 하지만 우리가 느끼는 크기 차는 대개 잘못된 비교에서 비롯된다. 우리가 마주치는 대부분의 삼색 고양이는 암컷이고, 비

<줄무늬 고양이>

교 대상으로 삼는 덩치 큰 줄무늬 고양이는 보통 수컷이기 때문이다. 수컷 삼색 고양이는 많은 이들이 갈망하는 보물이지만 그 실물을 본 이는 극히 드물다. 이 희귀한 존재를 얻기 위한 시도는 끊임없이 이어졌으나 지금까지 순종 수컷 개체가 전시된 일은 단 한 차례뿐이었다. 수많은 교배 시도의 결과는 늘 기대에 미치지 못했다. 다만 흰색이 섞인 수컷 삼색 고양이는 드물지 않게 볼 수 있다. 최근 열린 크리스털 팰리스 전시회에서는 이 희귀한 수컷 삼색 고양이 두 마리가 매우 훌륭한 표본으로 출품되었다.

우리에게 익숙한 사랑스러운 줄무늬 고양이는 전체적으로 볼 때 가장 아름답고 품종으로서의 우수성도 뛰어나다. 털색은 다양하지만, 그중 갈색, 은청색, 그리고 붉은색 계열이 가장 뚜렷하게 구분된다.

갈색 줄무늬 고양이

이 품종은 개체마다 차이가 작지 않지만, 일반적으로 다음과 같은 특징을 지닌다. 털은 짙은 회갈색이며 그 위로 검은 줄무늬가 나 있다. 이 무늬는 등뼈를 따라 이어지는 다소 끊어진 모양의 검은 중심선을 기준으로, 사방으로 퍼진다. 등줄기에 나타나는 이러한 무늬는 거의 모든 고양잇과 동물에게 공통으로 나타나는 특징이기도 하다. 꼬리에는 검은 가로줄이 일정한 간격으로 나 있으고, 이마에는 좁은 줄무늬 하나가 양쪽 귀 사이를 지나 목덜미를 따라 흐려진다. 얼굴에는 나선형 무늬와 섬세한 줄무늬가 배치되어 고양이 특유의 만족스러운 표정을 더욱 도드라지게 한다. 몸의 아랫면은 대체로 옅은 색을 띠지만 수컷 줄무늬 고양이의 경우, 완전한 흰색은 나타나지 않는다. 코끝, 입술, 발바닥은 짙은 색을 띠는 것이 바람직하다. 가슴에는 한두 개의 굵고 검은 줄무늬가 반드시 있으며, 이 무늬는 흔히 '시장님의 목걸이the Lord Mayor's chain[5]'라고 불린다. 잘 자란 개체는 크고 풍채가 좋으며, 총명하고 때로는 매우 애정이 깊다. 암컷

---

5 영국의 전통적인 도시 시장이 공식 석상에서 착용하는 장식용 목걸이를 가리킨다. 특히 런던 시장을 비롯한 고위 공직자들이 착용하는 목걸이는 S자 모양의 고리들이 연결된 형태로 되어 있어, 줄무늬 고양이 가슴에 나타나는 짙은 줄무늬와 닮은 모습에서 유래한 별칭이다.

은 특히 온순하고 자상하여 훌륭한 어미로 알려져 있다.

은청색 줄무늬 고양이

이 품종은 줄무늬 고양이 중에서도 색조가 옅은 변종에 속하며, 때때로 매우 아름다운 외모를 가진 개체도 있다. 은회색 바탕 위에 더욱 짙은 색조의 줄무늬가 뚜렷하게 나 있다.

붉은 줄무늬 고양이

은청색 줄무늬 고양이와 강렬한 대비를 이루는 이 품종은 밝은 모래색 바탕에 짙은색 줄무늬가 뚜렷이 드러나며, 특히 아름다운 외모로 손꼽힌다. 그중 색조가 대단히 뛰어난 일부는 자부심 넘치는 주인들에 의해 '오렌지 태비Orange Tabby'라는 당당한 이름으로 불리기도 한다. 주요 특징은 갈색 줄무늬 고양이와 유사하다. 털은 짧지만, 아주 풍성하고 조밀하게 자라고, 귀는 다소 짧고 둥근 형태가 이상적이다. 줄무늬 품종의 암컷 고양이는 대개 입 주변, 목, 발에 흰 무늬가 섞여 있으며, 이 특징은 붉은 줄무늬 개체에서 특히 두드러진다. 흰색이 전혀 섞이지 않은 암컷 붉은 줄무늬 고양이는 수컷 삼색 고양이에 비견될 만큼 드물고도 놀라운 자연사적 희귀 사례로 분류된다.

점박이 줄무늬 고양이

이 품종은 기존의 줄무늬나 구름무늬가 아닌 전혀 다른 형태의 무늬를 지닌다는 점에서 다른 줄무늬 품종과 구별된다. 이들의 무늬는 각각 뚜렷한 형태를 띠는 작은 점으로 이루어져 있다. 옆구리에는 등줄기를 따라 수직으로 길게 늘어진 점무늬들이 흩어져 있는 것이 특징이다.

크리스털 팰리스 전시회의 수컷 점박이 줄무늬 고양이 부문에서는 '코파'라는 이름의 고양이가 출품되어 정당하게 1등 상을 차지하였다. 이 고양이의 주인 스콧 씨는 코파의 흥미로운 동물학적 내력을 자세히 전해주었다. 코파의 아버지는 인도 동부 커피 농장에서 포획된 야생 표범고양이 *Felis Bengalensis*인데, 한 신사에 의해 영국으로 반입된 뒤 스콧 씨에게 넘겨졌다. 스콧 씨는 그 고양이를 2년간 사육하며 두 마리의 암컷과 짝짓게 해 총 10마리의 새끼를 얻었고, 코파는 그 중 한 마리였다. 어미는 영국 줄무늬 고양이였고 아버지는 무늬가 뚜렷하고 혈통이 명확한 야생종이었기에, 코파가 점박이 줄무늬 고양이의 전형으로 손꼽히게 된 것은 전혀 놀라운 일이 아니다.

이쯤에서 『캐셀 자연사 Cassell's Natural History』에 실린 내용을 인용하여 표범고양이에 대해 간략한 설명을 덧붙이고자 한다.

"이 고양이는 대표적인 인도 고양이로, 매우 아름다운 종이다. 털은 황회색이나 밝은 황갈색을 띠며, 배 아래는 완전히 흰색이다. 머리, 어깨, 등에는 길게 이어지는 줄무늬가 있고, 옆구리의 크고 불규칙한 점무늬는 배 쪽으로 갈수록 둥글어진다. 꼬리 역시 점무늬가 있긴 하지만 끝부분으로 갈수록 희미한 가로줄 무늬로 바뀐다. 몸길이는 코끝부터 꼬리 끝까지 35~39인치(약 89~99cm)에 이르며, 이 중 11~12인치(약 28~31cm)가 꼬리에 해당한다.

표범고양이는 히말라야에서 남부 끝 실론Ceylon에 이르는 인도 전역의 산악 지대에 널리 분포한다. 해발 고도가 낮은 지역에서도 간혹 발견되지만, 숲이 울창한 지역이나 덩굴과 관목이 우거진 밀림에서 훨씬 더 자주 목격된다. 히말라야 고지대는 물론, 호지슨[6]의 기록에 따르면 티베트에서도 그 존재가 확인된 바 있다. 벵골의 순더반Sunderbunds 지역처럼 해수면에 가까운 곳에서도 발견된다. 그 분포는 아삼Assam, 버마Burmah, 말라야반도, 자바Java, 수마트라Sumatra 섬까지 이르며, 적어도 이 지역들에서는 그 존재가 확실히 알려져 있다. 성질은 지극히 사나워, 그 어떤 야생 친척 종과 견주어도 절대 뒤지지 않는다."

스콧 씨는 자신이 기르던 표범고양이를 동물학회에 매각하면서, 코파의 어미와 새끼 한 마리도 함께 기증했다. 그러나 안타깝게도 이들은 전염성 질병에 걸려 함께 있던 다른 고양이들까지 모두 목숨을 잃고 말았다. 현재

---

6 브라이언 호튼 호지슨(1800-1894)은 영국의 민족학자이자 선구적인 자연사 연구자이다. 인도와 네팔에서 오랜 기간 거주하며 티베트 및 히말라야 지역의 동물과 문화에 관한 방대한 기록을 남겼다.

이 혈통의 생존 개체는 아마도 코파 하나뿐인 듯하다.

스콧 씨는 혹시라도 코파를 잃을까 염려하여 늘 실내에 가두어 둔다고 했다. 전시회에서는 그 혈통 때문에 '위험 개체'로 분류되었지만, 실제 성격은 '지극히 온순하고 애정이 많은 고양이'라는 것이 스콧 씨의 설명이다. 내가 직접 코파의 모습과 태도를 확인해 본 바로도 그 평가는 충분히 일리가 있었다. 물론, 한 부인이 얼굴 가까이 입김을 불자 쉿 소리를 내며 경계하긴 했지만, 자존심 있는 고양이라면 누구나 마땅히 그리하였을 것이다.

검은 고양이

이 품종은 갈색 줄무늬 고양이만큼 흔하지는 않지만, 붉은색이나 은청색 계열보다는 비교적 자주 볼 수 있다. 야생 고양이들 사이에서는 검은 개체를 거의 찾아볼 수 없다. 내가 보기엔 검은색이 집고양이 사이에서 이토록 널리 퍼진 까닭은, 오늘날에도 여전히 남아 있는 '검은 고양이가 머무는 집에는 행운이 깃든다'라는 오래된 미신의 영향일 것이다. 게다가, 정당한 동기에서 비롯된 행위라 해도 검은 고양이나 새끼 고양이를 해치면 재앙이 따른다는 믿음 역시 여전하다. 이 자리를 빌려 고양이에게 마법이나 주술적 힘이 깃들어 있다는 낡은 믿음을 아직도 품고 있는 독자에게 분명히 밝혀두고 싶은 바는, 검은 고양이도 결국 줄무늬 고양이의 일종이라는 점이다. 실제로 일부 개체, 특히 어린 새끼들에서는 줄무늬의 흔적이 뚜렷이 나타나기도 한다. 표범이나 재규어 중에서도 아주 드물게 검은 개체가 나타나는데, 이러한 선천적 흑색변이 현상melanism은 혈액 속 철분 농도와 연관되어 있다고 전해진다. 흑인의 혈액에 철분이 더 많다는 주장도 이와 연관된 견해다. 그러나 검은 표범이라 해도 자세히 살펴보면 본래의 무늬가 여전히 남아 있어서 표범 고유의 무늬는 완전히 사라지지 않는다. "에티오피아 사람이 자기의 피부 색깔을 바꿀 수 있느냐? 표범이 자기의 반점들을 다르게 바꿀 수 있느냐?"(예레미야서 13:23)라는 말처럼 우리의 검은 고양이들 또한 비록 겉으로는 보이지 않더라도 내면에는 줄무늬 종의 특성을 간직하고 있으며, 그것을 되살리려는 성향 또한 혈통 깊숙이 배어 있는 것이다.

혈통이 우수하고 잘 사육된 검은 고양이는 검은 표범처럼 그 종에서 가장 완전한 표본이라 할 수 있다. 타고난 본능과 능력이 온전히 발달한 가장 이상적인 모습을 보여주기 때문이다. 건강이 좋고 적절히 길러진다면—무엇보다도 밤마다 문밖에 내쫓기지 않고 실내에서 지낼 수 있다면—검은 고양이는 대개 비단처럼 윤기 나는 털을 지닌, 참으로 눈부신 생물이 된다.

흰 고양이

검은 고양이와 뚜렷한 대조를 이루는 품종이 바로 흰 고양이다. 알비노albino, 즉 선천적으로 색소가 결핍된 동물은 대개 체질이 약한 편이다. 그 때문에 흰 고양이 또한 청각이 둔하거나 청력을 완전히 잃는 경우가 종종 있다. 내가 새끼 고양이를 고른다면 결코 흰 고양이는 선택하지 않을 것이다. 눈처럼 새하얀 새끼 고양이는 참으로 매혹적이지만, 자라면서 실망을 안겨줄 가능성이 크다. 특히 런던처럼 안개와 매연이 많은 대도시에서는 그 청결한 털이 금세 더러워지고 만다. 게다가 흰 고양이는 대개 활력이 떨어지고 처지기 쉬우며, 감기나 다른 잔병에도 쉽게 노출된다. 튼튼한 다른 품종들에 비해 이러한 경향이 두드러진다.

맹크스

잘 알려져 있듯, 맹크스는 꼬리가 없거나, 있어도 극히 짧은 것으로 유명하다. 이 품종은 그 기이한 특성 하나만으로도 보존할 만한 가치가 충분하다. 그 외의 면에서는 일반 고양이와 크게 다르지 않다.

샴 고양이

시암 왕실의 고양이로 알려진 샴 고양이는 아직은 이 나라에서 보기 드문 품종이므로 보존 가치가 있다. 외모는 다소 이례적이다. 몸 전체는 밝은 황갈색 또는 베이지색이고, 주둥이, 얼굴, 귀, 발은 검은색을 띤다. 털은 짧지만 조밀하게 나 있고 윤기가 흐르며, 크기는 보통이나 체형은 다부지다. 언뜻 보면 퍼그pug 견종을 연상케 하기도 한다.

전시회의 '이례적 품종' 부문에는 짙은 청색, 회색, 쥐색, 갈색, 황갈색 등 보기 드문 색상의 고양이들이 간혹 출품된다. 이러한 고양이들은 편의상 '미완성 줄무늬 고양이'라 불러도 무방할 것이다. 또한 여섯 개의 발톱을 지닌 고양이도 드물게 목격되곤 한다.

장모종 고양이

앙고라 고양이와 페르시아 고양이는 대표적인 장모종이다. 이 가운데 특히 앙고라 고양이는 때때로 매우 아름다운 개체들이 있다. 윤기가 흐르는 털은 길고 비단결처럼 부드러우며, 목과 뺨 둘레의 갈기가 풍성하다. 몸의 양옆으로 길게 흘러내리는 털은 마치 사향소를 연상케 한다. 꼬리 또한 길고 풍성한 털로 덮여 있어, 관리가 잘 되었을 때는 우아하고 품위 있는 외양을 자랑한다. 이 고양이들은 스스로 자신의 아름다움을 알고 있는 듯한 태도를 보이기도 하는데, 고양이가 본래 도도하다는 평

<장모종 고양이>

판을 떠올리면 놀라운 일은 아니다. 그러나 장모종은 세심한 돌봄과 안정된 생활 환경이 필요하다. 방치되거나 학대를 받으면 여느 동물보다 빠르게 퇴화하고, 쉽게 나태하고 무기력해지는 경향도 있다. 응접실에 두기엔 근사할 수 있으나, 우리가 익히 아는, 민첩하고 날렵하며 쥐잡이에 능한 고양이와는 다른 면모를 지닌, 다소 유별난 동반자가 될 수 있다.

중성 수컷 고양이

중성화 수술을 받은 고양이는 매우 크게 자라는 경우도 많고, 적절히 관리되면 수명 또한 길다. 성격은 온순하고 사교적이며, 집을 나가거나 도망치는 일이 거의 없다. 불쾌한 냄새도 나지 않는다. 수술은 제대로 시행되기만 하면 고통이 거의 없고, 이 과정을 거친 고양이는 다른 개체와 싸우거나 떠돌려는 충동에서도 자유로워진다. 수술 시기는 생후 6개월, 혹은 그보다 조금 이른 때가 가장 적절하다. 이보다 늦은 시기에 수술하는 것은 권장되지 않는다. 앞서 언급했듯, 중성화 수술의 큰 장점 중 하나는 강한 냄새를 풍기는 수컷 고양이 특유의 체액을 더 이상 분비하지 않게 된다는 점이다. 그 냄새는 매우 자극적이며 일부 사람에게는 몹시 불쾌하게 느껴질 수 있다.

제6장
질병과 치료

 이제부터는 고양이가 걸리기 쉬운 몇 가지 질병에 대해 살펴보고자 한다. 그 원인을 짚어봄으로써, 독자 여러분의 사랑하는 반려묘가 피해를 겪지 않도록 미리 대비할 수 있기를 바란다. "예방은 치료보다 낫다"라는 익숙한 격언을 마음에 새기며 이 글을 시작한다.
 고양이는 대개 소홀하게 먹이를 주는 경우가 많다. 놀랍게도 그런 환경에서도 고양이의 소화기관은 제법 잘 견디는 편이다. 하지만 그렇다고 해서 무리하게 먹이거나 방치해서는 안 된다. 사실 고양이에게는 스스로 찾아

먹는 간단한 자연 치료제가 있다. 바로 '풀'이다. 플리니우스Pliny[7]의 저작을 번역한 고서에는 병든 사자를 고치는 흥미로운 치료법이 다음과 같이 기록되어 있다.

"사자는 단 하나의 병만을 앓는데, 그것은 까다로운 위장이 음식을 모두 거부하는 병이다. 이 병을 치료하는 방법은 암컷 원숭이 몇 마리를 병든 사자 곁에 묶어두는 것이다. 원숭이들은 사자를 흉내 내며 조롱하는 장난을 치고, 사자는 그 무례하고 건방진 행동에 격노하게 된다. 끝내는 분노를 이기지 못해 원숭이들을 물어 죽인다. 마침내 피를 맛보게 되면 병은 곧 낫는다. 이것만이 유일한 처방이다."

사자와 달리, 고양이 숙녀 퍼스 양은 그토록 격렬한 처방 없이도 그저 조용히 문밖에 나가 풀 몇 포기만 골라 먹으면 족하다. 어떤 풀은 고양이에게 구토 유도제처럼 작용하기도 하고, 때로는 증상 완화제 역할을 하기도

---

7 가이우스 플리니우스 세쿤두스(AD23-79)는 고대 로마의 정치인, 군인이자 박물학자이다. 『박물지Naturalis Historia』라는 방대한 백과사전을 남겼다. 동물, 식물, 의학, 지리 등 다양한 분야의 지식을 집대성한 이 책은 중세까지도 널리 읽혔으며, 당대의 자연과학적 사고를 보여주는 대표적인 문헌이다.

한다. 나 역시 고양이를 실내에서 기를 때는 햇살이 가장 잘 드는 곳에 큰 화분을 놓고 거기에 신선하고 튼튼한 풀을 심어 두었다. 또, 때로는 정원 바깥에 내놓아 햇빛과 바람, 신선한 공기를 충분히 쐴 수 있도록 하였다.

설사

고양이는 때때로 가벼운 설사를 하기도 하는데, 이 경우 대부분 별다른 주의를 끌지 않고 지나가곤 한다. 하지만 때에 따라서는 오래되어 고통을 유발하거나 심하면 생명까지 위협할 수 있다. 사람과 마찬가지로 고양이도 급격한 기온 변화, 불결한 음식이나 물, 불규칙한 식사, 과도한 지방 섭취, 부패한 음식, 간과 같은 내장을 과다 섭취했을 때, 또는 상한 우유를 먹었을 때 설사하게 될 수 있다. 다만 고양이는 평소에도 배설물이 다소 묽게 나올 수 있고, 이때 별다른 이상을 보이지 않는 예도 있다. 그럴 때는 크게 걱정하지 않아도 되지만, 식이 조절과 기본적인 건강 관리에 조금 더 신경을 쓰는 것은 언제나 바람직하다. 이 점에서 고양이는 개와 다르다. 개는 체질상 설사를 잘 하지 않는 동물이기 때문이다. 고양이가 정말 아플 때는 겉모습에서 금세 드러난다. 고양이는 안락함을 중시하는 동물이며, 간호할 때 가장 중요한 것도 바로 쾌적한 환경을 조성해 주는 일이다. 청결한 배변 환경을 위해 신선한 흙이나 모래를 충분히 마련해 주는 것이 중요한 이유는 제4장에서 이미 언급한 바 있다.

간단하지만 효과적인 처방이 하나 있다. 고양이에 관한 소책자를 집필한 커스트 부인이 소개한 방법인데, 나 역시 실제로 사용해 보았다. 이제 그녀의 말을 그대로 인용해 소개하고자 한다.

"처음 증상이 시작될 때는, 따뜻한 우유에 녹인 양의 지방mutton-suet[8]을 먹이는 것이 좋다. 비율은 껍질을 제거한 호두 한 알 크기의 지방 덩이에 찻잔 한 잔 분량의 우유가 적당하다. 고양이를 따뜻하고 조용한 둥지에 재우고 안정을 취하게 하되, 스스로 우유를 핥을 기운이 없다면 이 혼합물을 2시간마다 1작은술씩 먹인다. 이때 지방은 살짝 녹을 정도로만 데워야 하며, 작은 숟가락

---

[8] 양의 신장 주위나 허리에 붙은 단단한 지방을 말한다.

으로 조심스럽게 입에 넣어 준다. 이때 고양이를 감싸거나 묶을 필요는 없다. 첫 숟가락을 넘기면 스스로 약효를 느껴 다음 숟가락도 삼킬 것이다. 하지만 한 번에 너무 많이 주어서는 안 된다. 소량이라도 잘 흡수되면 효과가 있고, 반대로 과량을 주어 토하게 되면 오히려 해롭다. 그 외에는 인간의 경우와 유사하게 치료해도 무방하다. 다만 담즙이 나오지 않을 때는 주의 깊게 살펴야 한다. 다 자란 고양이에게는 회백색 분말*Album. cum creta*[9] 1.5그레인[10](약 97mg)을 먹여도 된다. (이 분말은 사람의 유사한 증상에도 쓰인다.) 앞서 언급했듯, 약효를 자세히 관찰하고, 질병의 양상이 갑자기 바뀔 수도 있다는 점을 유념해야 한다. 만약 증상이 지속되고 담즙이 계속 나오지 않는다면 약 두 시간 후 동일한 용량을 다시 투여한다.

설사가 계속되면 사람에게도 사용되는 일반적인 탄산칼슘 기반의 설사 치료용 혼합물 1작은술, 대황 뿌리를

---

9 백색 점토와 백악을 섞어 만든 지사제 성분이다.
10 그레인(grain, gr)은 약 64.8mg에 해당하는 무게 단위로, 18세기에 보리 씨앗 한 개의 무게를 기준으로 정해졌다. 주로 약제 투여 기준으로 사용되었으며, 현대에는 화살촉, 탄환, 화약 등의 무게 단위로 쓰인다.

알코올에 우린 소화용 약제 7~8방울, 아편을 알코올에 녹인 강력한 진통제 4~5방울을 섞은 혼합액을 몇 시간 간격으로 반복 투여한다. 고양이는 며칠 동안 매우 위중해 보일 수 있고, 심지어 눈동자가 고정된 듯한 모습을 보이기도 한다. 하지만 꾸준한 관찰과 정성 어린 간호가 있다면 충분히 회복할 수 있다. 약을 준 뒤 최소 두 시간 이상이 지난 후, 한 번에 1작은술 분량의 맑은 고기 육수를 간헐적으로 먹여 기력을 유지해야 한다. 식욕이 돌아왔을 때는 소화 기능이 약해져 있으므로 반드시 소량씩, 신중하게 음식을 제공해야 한다."

그러나 아무리 정성껏 보살핀다 해도 회복이 더디거나 이질로 병세가 악화한다면 더 이상 회복은 기대하기 어렵다. 틀림없이 죽게 될 생명이라면 조용히 마무리해 주는 것이 가장 현명하고 자비로운 행동일 것이다.

고양이에게 약을 먹일 때에는 불필요하게 부산을 떨거나 고양이를 흥분시키지 말아야 한다. 또한 지체하거나 망설이며 고양이의 인내심을 시험하지 않도록 한다. 약과 도구는 미리 준비해 두고 보조자 한 명을 두는 것이 바람직하다. 질긴 부엌 수건이나 두꺼운 앞치마 같은 천을 무릎 위에 펼쳐 놓고, 얼굴이나 왼쪽 옆구리를, 창문을 향해 두고 앉는다. 그리고 보조자로부터 고양이를 받아 조심스럽게 천으로 감싸안는다. 천으로 감싸는 이유는 고양이를 안전하고 부드럽게 고정하고 약물이 흘러 털이나 옷이 더러워지는 것을 막기 위함이다. 고양이는 왼쪽을 바라보게 잡은 뒤 왼손으로 조심스럽게 입을 벌린다. 손바닥은 고양이의 목 아래를 받치고 엄지와 검지로 입술 안쪽의 피부를 살며시 눌러본다. 어금니 바로 뒤쪽을 아주 약하게 누르기만 해도 입은 놀라울 만큼 쉽게 열린다. 이 상태를 부드럽게 유지하면 입은 계속 열려 있을 것이다. 단, 고양이가 불편해하기 전에 작업을 끝내야 하며, 손가락을 물리지 않도록 주의해야 한다. 입이 열린 순간 보조자는 바로 조심스럽게 약을 먹인다. 물약은 작은 숟가락으로 조금씩 천천히 흘려 넣되, 숟가락이 입에 닿지 않도록 주의한다. 그렇지 않으면 고양이가 본능적으로 입질을 할 수 있다. 약을 다 흘려 넣은 뒤에는 곧바로 손을 떼고 고양이가 편안히 삼킬 수 있도록 머리를 자유롭게 둔다. 알약은 목 깊숙이 넣어야 제대로 넘어가며, 가루약은 그냥 혀 위에 뿌리거나, 버터에 섞어 바르거나, 맛이 고약하지 않다면 소량의 우유에 타서 자연스럽게 마시게 해도 좋다.

노란병

고양이는 사람의 황달과 유사한 증상을 보이는 전염병, 이른바 '고양이 병' 또는 '노란병'이라 불리는 병에 걸릴 수 있다. 이 질환은 대체로 체격이 크고 건강한 고양이, 암컷보다 수컷에서 더 흔하게 나타나는 경향이 있다. 비교적 어린 시기에 발병하는 편이지만 성묘가 되기 전에 발병하는 경우는 드물다. 발병 초기에는 유난히 무기력하고 졸린 듯한 모습을 보이며, 음식에 전혀 관심을 보이지 않는다. 이 단계에서는 증상이 뚜렷하지 않아 지나치기 쉽지만, 곧 노란색 거품이 섞인 액체를 토하기 시작한다. 노란 구토물이야말로 이 질병의 가장 뚜렷한 징후다. 병세가 악화하면 간헐적으로 구토가 반복되고, 모든 음식을 거부한 채 오직 물만 마시려 한다. 드물게는 자연스럽게 낫기도 하지만 대부분은 점점 쇠약해지다가 결국 죽음에 이르게 된다.

불과 두어 달 전, 나는 자랑스러운 나의 어린 고양이 콜로콜로를 거의 잃을 뻔한 적이 있다. 튼튼한 체질 덕분인지, 녀석은 다행히 놀라운 회복력을 발휘했다. 콜로콜로는 온몸이 새까만 털로 덮인 고양이로, 당시 생후 8개월을 갓 넘긴 상태였다. 혹여 비슷한 증상으로 고민하는 독자들에게 도움이 될까 하여 그때의 증상과 치료 과정을 처음부터 끝까지 여기에 기록해 두고자 한다.

콜로콜로는 크리스털 팰리스 전시회에 출품되어 호평을 받았으며, 해당 부문에서 가장 얌전하고 품위 있게 행동한 고양이였다. 방문객이 다가오면 늘 장난기 어린 몸짓으로 반응하며 호감 가는 성격을 뽐냈다. 그런데 전시회를 마치고 돌아온 지 꼭 일주일 만에 병이 났다. 혹시 지나치게 애지중지한 탓은 아니었을까 싶지만, 출품 자체가 건강에 부담이 되었다고는 생각하지 않는다. 녀석은 그보다 앞서 열린 앨버트 팰리스 전시회에도 나가 나흘간 탈 없이 지냈다. 그곳에서도 높은 평가를 받았으며 돌아온 후에도 여전히 활기가 넘쳤다. 전시회에 출품되는 고양이들 가운데는 상당한 가치를 지닌 개체들도 많으므로 주최 측에서도 늘 세심하고 철저하게 관리한다. 오히려 문제는 종종 주인의 과한 애정에서 비롯된다. 한 가지 조언을 하자면, 전시회에서 이틀 밤낮을 보낸 고양이라면—특히 건강한 개체라면—귀가 후 하루이틀 정도는 과식을 피하고 식사를 조심히 조절해 주어야 한다. 전시용 고양이들은 대개 몸 상태가 아주 좋으므로 더욱 그렇다.

다시 본래 이야기로 돌아가자. 콜로콜로는 종달새처럼 활기찬 고양이라 때때로 놀라울 정도로 생기있게 이리저리 뛰어다니곤 했다. 그런데 10월 27일 화요일 저녁까지도 활력이 넘쳤던 녀석이 다음 날 수요일에는 갑자기 기운이 빠지더니 잠만 자기 시작했다. 하루 종일 음식을 거부하던 녀석은 해 질 무렵 처음으로 구토 증세를 보였다. 이후 이틀 동안 간헐적으로 소량의 구토를 반복했으며 배변 상태도 좋지 않았다. 점점 극도로 쇠약해졌고 온몸에 누런빛이 돌기 시작해 차마 보기 힘들 정도였다. 나는 녀석을 자연의 손에 맡기고 조용히 지켜볼 수밖에 없었다. 가여운 콜로콜로는 꼬박 닷새 동안 아무것도 먹지 않고 물만 자주 찾았다. 입에서 고약한 냄새를 풍겼기 때문에 신선한 물을 항상 가까이 두고 자주 갈아주었다.

한 주가 지난 월요일 오전, 날씨가 유난히 온화하던 날이었다. 콜로콜로는 정원에 나가 몇 시간 동안 조용히 햇볕을 쬐며 시간을 보냈다. 한때 그렇게나 생기 넘치고 즐거운 기질을 뽐냈던 아이가 변해버린 모습이 보기에 참으로 안타까웠다. 이제는 몸도 제대로 가누지 못하는 지경이 되었다. 마치 뒷다리가 마비된 듯 계단 한 칸 오르기도 힘들어했고, 내려올 때는 휘청거리다가 주저앉기 일쑤였다. 실내로 들어와서는 자기 자리에 누워 깊은 잠에 빠졌다. 나는 그전까지 고양이가 그렇게 깊이 자는 모습을 본 적이 없었다. 숨소리조차 들리지 않았고, 눈은 떠 있는 상태로 고정되어 있었다. 우리는 마침내 콜로콜로가 세상을 떠난 줄로만 알았다. 비통함과 더불어, 가여운 아이가 이제 고통에서 해방되었다는 안도감도 동시에 느꼈다. 하지만 놀랍게도, 우리는 왼편으로 누워 있던 콜로콜로가 오른편으로 자세를 바꿨다는 사실을 곧 깨달았다. 한참 뒤 자리에서 일어난 녀석은 너덧 번쯤 우유를 핥았다. 아마도 정원의 강한 바람이 지친 몸을 짓눌러 깊은 잠을 유도했을 것이다. 그리고 그 잠이야말로 병세를 뒤바꾼 결정적인 전환점이었던 듯했다. 그럼에도 녀석은 여전히 거의 아무것도 먹지 않았다.

그러다 11월 5일 목요일, 나는 콜로콜로에게 신선한 양의 폐를 조금 주었다. 놀랍게도 그는 그것을 먹었고 심지어 더 달라고 보채는 듯한 눈빛을 보였다. 나는 녀석의 허약한 상태를 고려해, 무리가 되지 않을 만큼 적당히 큰 조각을 골라주었다. 콜로콜로는 그 뒤로 마치 마법처럼 회복하기 시작했다. 며칠 사이에 힘이 돌아오더니 원래의 건강을 완전히 되찾았다. 예전의 활기찬 기질도 되살아났다. 거칠고 푸석했던 털은 다시 부드러워져 윤기가 흘렀고, 한층 깨끗하고 건강해졌다. 다행히 병중에 극심한 고통을 겪는 모습은 보이지 않았지만, 무기력하고 낙담한 기색은 분명했다. 나는 이 병으로 더

심하게 앓는 고양이들을 본 적이 있다. 그럴 때는 고통을 덜어주는 것이야말로 진정한 자비라고 생각한다. 다행히 노란병은 한 번 앓고 나면 재발하지 않는 병이다.

나는 강한 약물을 함부로 사용하는 것은 어리석을 뿐 아니라 잔인한 처사라고 생각한다. 병든 고양이에게 우유나 다른 음식을 억지로 떠먹이는 일도 진정한 친절이라 보기 어렵다. 아플 때는 되도록 조용하고 편안한 둥지에서 충분히 쉬게 하되, 난로나 불 가까이에 두어 지나치게 뜨거워지지 않도록 신경 써야 한다. 병든 동물에게는 신선한 공기가 필요하지만, 동시에 추위나 미세한 외풍에도 매우 민감하니 이 또한 주의가 필요하다. 또한 고양이는 유난히 청결을 중시하는 동물이다. 몸이 아플 때든 아니든, 예전부터 좋아하던 자리라도 냄새가 조금만 배거나 더럽혀지면 금세 그곳을 꺼린다.

병의 초기 단계라면 구토 유도제로 위장을 비워주는 처치가 도움이 될 수 있다. 단, 반드시 초기에만 사용해야 하고 시기를 놓쳤다면 차라리 쓰지 않는 편이 낫다. 나 역시 이 방법을 실제로 시도해 좋은 결과를 얻은 바 있으며, 가장 간편하고 해가 없는 구토 유도제는 소금물이라는 점을 알게 되었다. 물과 소금을 약 5대1의 비율로 섞은 용액이 가장 무난하다. 때에 따라 황산나트륨 Glauber's salt[11]을 선호하기도 하지만 소금물을 만들 때보다 훨씬 많은 양의 물에 희석하여 작은술보다 적은 양만 먹여야 한다. 한편, 자극으로 인해 구토가 과도하게 이어질 때는 녹인 소의 골수를 반 작은술 정도 먹이면 증상 완화에 도움이 된다.

발작

이따끔 일어나는 매우 고통스러운 발작은 주로 성장이 끝나가는 어린 고양이에게 나타난다. 암컷보다 수컷에서 더 흔한 편이다. 섬망이 올 경우, 고양이는 눈을 부릅뜨고 광란 상태로 이리저리 뛰어다니게 된다. 창문을 향해 돌진하기도 하며, 그러다 구석 어딘가에 숨는 일이 많다. 경련발작의 증상은 섬망과는 양상이 다르다. 갑자기 날카롭게 울다가 눈을 치켜뜬 채 옆으로 쓰러진다.

---

[11] 17세기 독일의 화학자 요한 루돌프 글라우버의 이름을 따 명명된 황산나트륨의 일종으로, 설사제, 이뇨제 등의 약제로 사용되었다.

뻣뻣하게 경직된 사지가 격렬하게 떨리며 입가에는 거품이 인다. 하지만 발작 상태의 고양이는 공격성을 보이지 않으며 만져도 전혀 위험하지 않다. 단, 최대한 조용하고 부드럽게 다루어야 한다. 가장 효과적인 응급처치는 예리한 가위나 란셋으로 귀의 얇은 부위에 작은 상처를 내어 몇 방울의 피를 빼주는 것이다. 귀를 다치게 하거나 보기 흉한 흉터를 남기지 않고도 가볍게 피만 나올 정도면 충분하다. 따뜻한 물수건으로 부드럽게 찜질을 해 주어 출혈을 유도할 수도 있지만 그럴 땐 물이 귀 안으로 들어가지 않도록 특히 조심해야 한다. 피가 잘 나온다면 찜질은 생략해도 무방하다. 단 몇 방울의 출혈로도 고양이는 눈에 띄게 진정된다. 발작이 지나간 후에는 불안정하고 예민해질 수 있으므로 조심스럽게 다루어야 한다. 건강한 고양이라면 일시적으로 식사를 줄이는 편이 바람직하다. 발작은 대부분 일정 시간이 지나면 자연스럽게 사라진다. 수컷 고양이는 대체로 일생에 한두 번 정도의 발작을 겪는 데 그치며, 암컷 고양이는 한 번 새끼를 낳고 나면 그 이후로는 발작을 겪지 않는다.

제7장

질병과 치료 (계속)

폐렴

폐렴, 즉 폐의 염증은 고양이에게 비교적 흔한 질환이다. 특히 폐 기능이 약한 특징은 세대를 거치며 유전되기도 하며, 이는 우리 재래종보다 페르시아 고양이 같은 외래 품종에서 더 자주 관찰된다. 고양이를 포함한 모든 고양잇과 동물은 개보다 폐질환에 훨씬 더 취약한 것으로 보인다. 크기가 큰 종이라고 예외는 아니어서 최상의 관리를 자랑하는 동물원에서도 위풍당당한 사자나 아름다운 표범이 이 치명적인 병에 쓰러지는 일이 적지 않다. 춥고 습한 환경에 노출되거나 영양 상태가 좋지 않을 경우, 고양이도 사람과 마찬가지로 폐렴에 걸리기 쉽다. 증상은 무기력하고 불안정한 상태를 보이면서 시작되며, 겉보기에도 초췌하고 축 처진 채 어슬렁거린다. 대개 누워 있기보단 주저앉은 자세를 유지한다. 폐렴에는 일반적으로 가슴막염이 동반되는데, 만약 내가 가슴막염을 앓았을 때와 통증의 정도가 비슷하다면, 고양이도 틀림없이 극심한 통증에 시달리는 때가 있을 것이다.

폐렴은 치사율이 높은 병이지만 적절한 환경과 정성 어린 간호가 뒷받침된다면 극복할 수 있다. 특히 겨울과 봄철에 흔히 발병한다. 이 시기는 사람과 동물 모두에게 가장 힘든 계절이며, 영국 기후에서는 더욱 그렇다. 반드시 실내에서 돌보되, 실내 온도는 너무 높지 않게 유지해야 한다. 온도는 화씨 55도(약 13℃) 이하가 적당하다. 폐렴을 앓는 고양이는 자주 기침을 하고 옆구리가 들썩일 정도로 호흡이 곤란해진다. 치료에는 외용제와 먹는 약을 병행할 수 있다. 우선 영국 약전British Pharmacopoeia에 수록된 복합 장뇌 연고와 비누 연고를 같은 비율로 섞은 자극성 약제를 가슴 옆 부위에 바른다.[12] 단, 고양이가 불쾌해할 정도로 털이 더러워지지 않도록 주의해야 한다. 처음 도포한 부위에 통증이나 민감한 반응이 나타나지 않았을 때 한해 다음 날에도 바를 수 있다. 먹는 약으로는 클로랄chloral 시럽과 해총 시럽 각 40방울, 이페카쿠아나ipecacuanha 포도주 10방울 섞은 혼합물을 4시간마다 10방울씩 투여한다.[13]

고양이가 음식을 거부할 수 있으므로, 맑게 끓인 소고기 육수나 좋은 우유를 틈틈이 먹여 기력을 보충해 주어야 한다.

기관지염

기관지 점막의 염증은 대체로 폐렴이나 가슴막염과 같은 원인에서 비롯되며 종종 이들 질환과 동시에 나타나기도 한다. 가엾은 고양이가 기침할 때 내는 특유의 쌕

---

12 복합 장뇌 연고와 비누 연고는 모두 통증과 염증 완화를 목적으로 쓰는 바르는 약의 일종이다.
13 클로랄은 중추신경을 억제해 진정 및 수면을 유도하는 약제로, 해열이나 진통에도 쓰였다. 해총은 백합과 식물에서 추출한 가래약으로, 기침을 가라앉히는 데 사용된다. 이페카쿠아나는 남미산 뿌리 약재로, 구토 유도 또는 기침을 완화하는 데 쓰이는 진토제 역할을 했다.

쌕거리는 소리와 목 안쪽에서 나는 덜컥거리는 소리로 쉽게 구별할 수 있다. 치료는 폐렴과 같은 방식으로 진행할 수 있지만 먹는 약 혼합물은 이페카쿠아나 포도주를 10방울에서 20방울로 늘리고, 안티모니antimony 포도주 10방울을 추가하는 것이 좋다.[14] 이 혼합물은 4시간마다 15방울씩 투여하면 된다.

진드기 감염

진드기 감염은 미세한 곤충이 피부 내부로 파고들어 번식함으로써 생기는 질환이다. 고양이에게 가장 흔히 나타나는 유형인 옴 감염은 대개 머리와 목 부위에서 시작되어 점차 온몸으로 퍼진다. 이를 조기에 치료하는 것은 동물에 대한 자비이자 신중한 조치라 할 수 있다. 이 질환은 전염성이 있어 감염된 고양이를 방치할 때 다른 고양이에게 쉽게 옮아가고, 결국 그 주인에게까지 큰 손해를 끼치게 된다. 처음에는 극심한 가려움증이 나타나므

---

14 안티모니 포도주는 광물 성분인 안티몬을 알코올에 녹인 해열제이자 가래약으로, 19세기까지 사람과 동물의 기관지염 치료에 사용되었다. 현대 의학에서는 독성 때문에 사용되지 않는다.

로 몸을 계속 긁거나 문지르게 되고, 그 결과 피부에 통증을 동반한 상처가 생겨난다.

다행히 옴 감염은 비교적 간단하게 치료할 수 있다. 유황은 외용과 내복 모두에 가장 효과적인 약제다. 단, 다른 동물에게 사용하는 강한 피부약은 절대 사용해서는 안 된다. 고양이와는 생리적으로 다른 동물을 위해 만든 약제는 오히려 고양이에게 해가 될 수 있기 때문이다. 가장 간편하고 효과적인 처방은 유황 꽃과 신선한 돼지기름을 섞어 만든 연고를 손가락으로 환부에 문질러 바르는 것이다. 연고를 바르기 전에는 미지근한 물로 환부를 찜질한 뒤, 깨끗한 천으로 부드럽게 말려주는 것이 좋다. 이후 하루 한두 차례 연고를 반복적으로 바르면 치료 효과를 볼 수 있다. 이 연고는 고양이가 불쾌해할 만한 맛이 거의 없어, 핥는 과정에서 자연스럽게 일부를 삼키게 된다. 혀에 닿기 쉬운 부위에 바를 때 섭취량은 더 많아진다. 유황은 체내에서도 기생충을 죽이는 작용을 하므로, 이렇게 먹는 것도 효과를 낸다.

왕립수의외과대학 정회원 자격을 지닌 해롤드 리니

씨는 유황의 독특한 작용에 대해 다음과 같이 설명한 바 있다. "사람이 유황을 복용하면, 주머니에 넣고 다니던 시계나 은화가 검게 변하는 현상에서 유황의 기묘한 특성을 확인할 수 있다." 그는 1882년 10월호 『애니멀 월드』에서도 다음과 같은 내용을 덧붙였다. "유황은 거의 모든 형태에서 기생충을 죽이는 데 효과적이다. 다만 연고로 썼을 경우 씻어내기가 매우 어렵다. 유황은 물에 잘 녹지 않고 더 강력한 약제는 위험성이 크기 때문에, 황화칼륨을 따뜻한 물에 녹여 사용하는 방법이 가장 안전하다. 1쿼트(약 0.94L)의 물에 ½온스(약 14g)의 비율로 황화칼륨을 녹인 용액을 준비한다." 그는 다음과 같은 실용적인 조언도 덧붙였다.

"진드기 감염이나 벼룩, 기타 피부 기생충을 치료할 때 어떤 외용약을 쓰든 반드시 머리에서 발 쪽으로 내려가며 약을 발라야 한다. 반대로 하면 약이 제대로 닿기 어려운 귀나 눈 주변으로 기생충이 도망칠 여지가 생기기 때문이다. 동물이 물속에 들어가면 벼룩이 귀 주위로 몰린다는 사실은 오래전부터 알려져 있었고, 이로부터 유래한 유명한 이야기가 있다. 여우는 벼룩을 없애기 위해 입에 털 뭉치를 문 채 헤엄쳐 벼룩이 털에 옮겨붙게 한 다음, 그 털을 물에 버려 벼룩을 떼어낸다는 이야기다. 물론 물에 빠진 벼룩들은 너무 늦게야 그것이 함정이었음을 깨닫게 된다.

황화칼륨 용액은 고양이의 몸에 한두 시간 정도만 발라두면 충분하며, 이후에는 미지근한 물로 깨끗이 씻어내야 한다. 이때 사용하는 물에는 글리세린을 약간 섞는 것이 좋고, 권장 비율은 물 1쿼트(약 0.94L)에 글리세린 1온스(약 30mL)다. 고양이를 씻긴 뒤에는 특히 얼굴과 귀를 꼼꼼히 말려주는 것이 중요하다."

모낭진드기 감염은 털집진드기*Demodex folliculorum*라는 기생충이 모낭 속에 기생하면서 발생하는 질환으로, 그 이름도 여기서 유래한다. 앞서 소개한 옴 감염과는 성질이 다르고, 치료와 퇴치가 훨씬 까다로운 편이다.

"모낭진드기 감염은 대개 털이 없는 부위에 먼저 나타나는 옴 감염과 달리, 목덜미에서 시작해 척추를 따라 꼬리까지 이어지는 등 부위에 주로 발생한다. 이는 등

쪽의 모낭이 크고 깊어 기생충이 살기에 더 적합한 환경이기 때문인 듯하다. 고양이나 개가 화가 났을 때 먼저 보이는 반응 중 하나가 등 털을 곤두세우는 것인데, 이는 이 부위의 털이 특히 뿌리가 깊고 강하다는 사실을 보여준다.

이 질환을 앓는 불쌍한 고양이는 곧 등을 활처럼 구부린 채 의자 다리나 낮은 소파 밑면 등의 가구에 문지르기 시작한다. 얼마 지나지 않아 고양이의 털이 끊겨 있는 모습을 발견하더라도 대부분 이를 단순한 마찰 때문으로 오해하고, 병의 원인을 제대로 인식하지 못한 채 병세가 진행된다. 이 시점이면 기생충이 이미 깊숙이 자리 잡아 등 전체에 통증이 퍼지면서 빠르게 건강을 잃게 된다."

치료법

원인인 기생충을 제거하는 것이 치료의 핵심이다. 약을 바르기 전에 부드러운 비누로 기생충이 숨어 있는 피부의 각질층과 피지 등을 먼저 깨끗이 씻어내면 효과가 있다. 비누를 사용하는 이유는 비누에 포함된 알칼리 성분이 피부의 각질층을 불려서 떨어지게 하여, 약이 생명력이 끈질긴 기생충에 더 효과적으로 작용할 수 있도록 돕기 때문이다. 병변 부위를 잘 씻어낸 뒤에는 타르유oil of tar[15]와 올리브유를 1대4의 비율로 섞은 혼합물로 자극을 주지 않도록 부드럽게, 그러나 여러 번 발라준다. 단, 고양이는 메스꺼움을 잘 느끼기 때문에 절대 약을 과하게 사용해서는 안 된다. 이 처치는 하루걸러 한 번씩 반복하고 중간 날에는 순한 커드 비누curd soap[16]로 씻어준다. 피부의 붉은 기가 빠지고 말라 각질이 생기기 시작할 때까지 이 과정을 반복한다. 동시에 유황을 하루에 2~3그레인(약 130~195mg) 정도씩 꾸준히 먹이면 회복에 도움이 된다. 유황이 체내를 지나며 고양이의 몸을 기생충에게 덜 매력적인 환경으로 바꿔주고 결국엔 피부로 배출되기 때문이다.

---

15 저농도의 타르는 소독제 역할을 하여 피부 질환 치료 연고 등의 약제로 사용되었다.
16 우유 단백질을 포함한 순하고 보습력 있는 비누로, 피부 자극이 적어 치료용으로 사용된다.

습진

고양이에게도 흔히 발생하는 피부병인 습진eczema은 그리스어 *ekzeo*—'끓어오르다'라는 뜻—에서 그 이름이 유래했다. 이 질환은 혈액 내 불균형, 즉 건강하지 못한 혈액 상태에서 비롯된다. 진드기 감염과는 달리 기생충이 원인이 아니며, 성질 자체가 전혀 다르므로 치료법 역시 완전히 달라야 한다. 이에 대해 수의사 리니 씨는 다음과 같이 설명한다.

"피부 중에서도 배, 허벅지, 앞다리 안쪽같이 털이 적은 부위가 가장 쉽게 침범당한다. 처음엔 단순히 피부가 붉어지는 것으로 시작되며, 며칠 지나면 작은 물집이 잡힌다. 물집이 터지면 그 내용물이 피부 위에서 마르며 불쾌한 냄새가 나는 유성 물질이 되고, 먼지나 털과 뒤섞여 염증을 더욱 악화시킨다. 이러한 상태는 대개 혈액이 지나치게 건조할 때, 보다 정확히는 정상적인 알칼리성을 유지하지 못할 때 발생한다. 건강한 혈액은 기본적으로 알칼리 반응을 띠어야 한다. 물론 이 질환의 원인에 대해서는 여러 이견이 있을 수 있지만, 알칼리성 중

탄산염을 사용했을 때 회복이 빠르게 진행된다는 점과 상처 부위를 진정시키는 치료를 병행하면 그 효과가 더욱 뚜렷하다는 점에는 큰 이견이 없다.

내가 권하고 싶은 먹는 약 조합은 중탄산 칼륨 2그레인(약 130mg)에 물 30방울을 섞어 만든 혼합물을 하루 두 번 투여하는 방식이다. 만약 고양이에게 액체 형태로 약을 먹이기 어렵다면 같은 양의 중탄산 칼륨을 약간의 버터나 꿀에 섞어 발가락이나 어깨 위에 발라주는 방법도 있다. 그러면 고양이는 곧 약을 스스로 핥아 삼키게 된다. 중탄산 칼륨은 짠맛만 살짝 나는 정도라서 우유에 타 주면 많은 고양이들이 알아차리지 못하고 마신다. 이 방법이 모두 통하지 않을 때는, 건조 탄산나트륨 2그레인(약 130mg)을 아주 작은 알약으로 만들어 생선 조각에 숨겨서 먹이는 것도 하나의 방법이다.

피부는 따뜻한 물과 스펀지로 부드럽게 찜질해 주는 것이 좋다. 이때 물에 커드 비누와 글리세린을 소량 섞으면 효과가 더욱 좋아진다. 찜질 후에는 헌 순면 같이 부드러운 재질의 천으로 조심스레 물기를 닦아내고, 아연 연고(영국 약전에 수록된 벤조산 아연 연고)를 몇 분간 정성스럽게 발라주는 것이 바람직하다. 이때 연고를 많이 바르는 것보다, 정성스럽게 바르는 동작이 더 중요하다. 앞서 언급했듯, 습진은 혈액 상태와 밀접한 관련이 있으며, 이에 적절한 먹는 약도 소개한 바 있다. 하지만 말할 필요도 없이 예방이 가장 중요하다.

나는 실제로 고양이들이 인근 생선 가게의 쓰레기통에서 버려진 내장을 꺼내 먹고 병에 걸린 사례를 본 적이 있다. 어떤 경우에는 원인이 우유였다. 집에서 좋은 음식을 먹는 개조차도 거리의 오물을 입에 대는 일을 막기 어렵다. 하물며 고양이를 어찌 제지할 수 있겠는가? 가능하다면 고양이를 억지로 막는 것보다, 애초에 문제가 될 음식물을 치워버리는 편이 훨씬 더 효과적인 방법일 것이다.

나는 고양이용 고기 행상이 판매하는 말고기만 넉넉히 먹이고도 다른 처치 없이 병을 완전히 극복한 사례를 여러 차례 본 적이 있다.

식사 이야기가 나온 김에, 말고기에 대한 편견이 얼마나 근거 없는 것인지도 짚고 넘어가고 싶다. 프랑스에서는 사람이 먹는 식재료로 쓰이기도 하는데 유독 우리 영국에서는 섬나라 특유의 고집 때문에 고양이나 개에게조차 먹이기를 꺼리는 경우가 많다. 하지만 말은 대부분 건강하지 않아서가 아니라, 불구가 되었거나 노동이 어려워졌을 때 도살된다. 말고기는 튼튼하고 건전한 근육 조직으로 이루어져 있으며, 자연사한 경우라도 대부분 산통, 폐렴, 탈장 같은 급성 질환으로 인한 것이어서 근육에는 아무런 이상이 없다. 말고기를 주식으로 삼는 고양이의 대표적인 예는 왕립수의외과대학 해부실에서 찾을 수 있다. 이곳에 서식하는 고양이들은 해부에 사용된 말과 당나귀 고기를 먹고 사는데, 이들은 건강하고 아름다운 체격과 외모를 자랑한다."

이 장을 마치며 한 가지 덧붙이고 싶은 점은, 고양이는 적절한 보살핌만 있다면 큰 병 없이 비교적 오래 살 수 있는 동물이라는 사실이다. 물론 질병이나 죽음의 원인은 다양하며, 때로는 명확하지 않거나 복합적인 경우도 있다. 그러나 질병의 고통과 죽음이라는 숙명은 고양이만의 몫이 아니며 인간을 비롯한 모든 피조물이 짊어진 운명이다. 고양이는 번식 속도가 빠르고 들쥐류 같은 다른 생물에 비해 천적이 적은 편이다. 그럼에도 야생이든 길들었든 개체 수가 과도하게 늘어나지 않는 것을 보면, 창조 질서 속에서 일정한 조절 장치가 작동하고 있다는 것을 알 수 있다. 이는 자연의 균형 유지를 위한 필연적 조건이다. 실제로 고양이가 노년까지 사는 경우는 드물고, 일반적인 수명은 약 14년 정도로 알려져 있다. 단, 22세까지 산 사례도 적어도 두 건은 기록되어 있다. 반면 태어난 지 몇 시간 만에 죽는 일도 드물지 않다. 성경의 전도서에 나오는 "날 때가 있고 죽을 때가 있다"라는 명제는 인간의 삶에 국한되지 않고 모든 동물의 생애에도 똑같이 적용된다. 죽음은 자연의 본질적 법칙이며 질병이나 폭력은 그 법칙이 작동하는 방식일 뿐이다. 하지만 자연을 진지하게 탐구하는 사람이라면 누구나 공감하겠지만, 이 모든 생명을 창조한 위대한 신은 전능하고 지혜로우시며 동시에 사랑의 신이기도 하다. 아이작 월턴[17]의 말처럼, "자연의 섭리를 연구하는 일은, 가장 하

---

17 아이작 월턴(1593-1683)은 영국의 작가이자 어부이다. 대표작인 『완벽한 낚

찮은 파충류의 구조 안에서도 드러나는 그 분의 지혜와 선하심을 통해 우리 안에 경외와 감사의 마음을 불러일으키는 가장 효과적인 길"일 것이다.

회충 감염

고양이를 비롯한 거의 모든 포유류, 조류, 어류는 각기 고유한 형태의 회충을 가지고 있는데, 이 혐오스러운 생명체는 그 존재를 이해하거나 무감하게 바라보기가 쉽지 않다.

"고양이 역시 기생충에 감염될 수 있다. 기생충은 체내의 조직을 뚫고 들어가면서 '새로운 서식지'를 찾아 떠도는 과정에서 극심한 통증과 각종 질환을 유발한다. 특히 고양이는 사람과 돼지, 기타 동물에게도 치명적인 트리키넬라증trichinosis을 일으키는 트라키나 스피랄리스*Trichina spiralis*에 감염되기 쉬운 동물이다.

이 작은 회충들이 몸 안을 돌아다니면 사람이든 동물

시꾼*The Compleat Angler*』은 자연과 낚시에 대한 사랑을 담은 작품으로, 자연의 섭리 안에서 신의 지혜와 선함을 찾으려는 작가의 철학이 담겨 있다.

이든 발열과 심한 고통을 겪는다.

고양이가 사람보다 이 기생충에 더 쉽게 감염되는 이유는 날고기를 선호하는 습성 때문이다. 사람은 대개 음식을 조리해 먹기 때문에 감염의 위험이 상대적으로 낮다. 독일에서 트리키넬라증이 자주 발생하는 이유 역시 햄이나 기타 육류를 익히지 않고 먹는 식문화 때문이다. 나 역시 독일에서 익히지 않은 '훈제 햄schinken'을 먹어 본 적이 있다. 안타깝게도 트리키넬라증이 확진된 고양이를 치료할 방법은 없다. 하지만 반려묘의 갑작스러운 죽음을 야기한 원인 중 하나가 바로 이 회충 감염일 수도 있으므로, 기생충 감염을 논할 때 이 질환 또한 반드시 고려해야 한다.

일부 회충은 혈관에 기생하며 특히 동맥의 분기점이나 접합부를 선호한다. 가장 흔히 자리 잡는 곳은 대동맥 후방 가지에서 간으로 이어지는 혈관이다. 이 부위에 기생충이 둥지를 틀면 혈관이 막히고, 혈관 벽이 손상되거나 지름이 좁아져 간으로 가는 혈류가 크게 줄어든다. 간은 다른 모든 기관과 마찬가지로 신선한 혈액 공급 없이는 기능을 유지하거나 손상을 회복하는 일이 불가능하므로, 이러한 혈류 차단은 간 건강에 치명적이다.

한편, 담즙이 지나가는 간관에는 또 다른 기생충인 간디스토마fluke가 자주 기생한다. 이 부위는 말 그대로 '그들이 가장 번성하고 우글거리는 장소'다. 간디스토마에 감염되면 양에서 흔히 발생하는 '로트rot[18]'라는 질병처럼 복수가 차는 증상이 나타난다.

이들 기생충은 신장에서 발견되는 선충류[19]처럼 숙주에게 치명적인 해를 끼치며, 안타깝게도 아직 알려진 치료법이 없다.

양에게서 이러한 기생충이 발견됐을 때 다양한 치료법이 시도됐지만, 약제가 효과를 내기 위해서는 반드시 숙주의 혈류에 흡수되어야 한다는 점 때문에 고양이에게 적용하기가 어렵다. 예를 들어, 간디스토마를 죽일 수 있는 테레빈유turpentine[20]는 고양이에게 치명적이다.

---

18 간디스토마 감염으로 인해 양에게 발생하는 간질환이다.
19 주로 말이나 반려동물의 장이나 신장에서 발견되는 기생충으로, 소화기관 등에 염증과 손상을 일으킨다.
20 소나무 등의 침엽수에서 얻은 정유로, 살균·살충·구충에 사용되었지만, 자극성이 매우 강해 고양이에게는 위험하다.

또한, 반추동물이 잘 받아들이는 소금도 고양이에게는 쉽게 구토를 일으키며, 효과를 내려면 지나치게 많은 양을 투여해야 하기에 적절치 않다.

다행히 고양이와 개에게 기생하는 대부분의 기생충은 거의 위와 장에 국한되며 비교적 쉽게 제거할 수 있다. 일반적으로 회충은 산토닌santonin, 촌충은 빈랑나무 열매로 구제할 수 있지만, 이 약제들도 투여 시에는 반드시 주의가 필요하다.[21]

고양이가 몹시 야위고, 털이 뻣뻣하고 거칠며, 회충을 토하거나 배설물에서 회충이 보인다면, 다음과 같이 치료한다. 산토닌 ½그레인(약 32mg), 겐티아나gentian[22] 추출물 10그레인(약 648mg), 탄산철 당제 2~3그레인(약 130~194mg)을 혼합해 알약으로 만들어 이틀 또는 사흘 간격으로 공복 상태에서 먹인다. 고양이에게 알약을 먹일

---

21 산토닌은 국화과 식물에서 추출한 천연 추출물로 예전부터 회충 구제제로 사용되었으며, 빈랑나무 열매는 촌충 제거 효과가 있다고 알려져 있다. 두 약제 모두 과량 복용 시 중독 위험이 있어 수의학적 사용에는 신중히 처리해야 한다.
22 쓴맛이 강한 약용 식물로, 주로 소화를 돕고 식욕을 증진하는 데 사용된다. 탄산철 당제는 철분을 공급하기 위해 사용되는 약제다.

때 가장 좋은 방법은 펜촉 끝에 알약을 붙여 혀 뒤쪽 깊숙이 넣은 후, 펜만 재빨리 빼는 것이다. 고양이의 혀에는 돌기가 있어 알약이 다시 펜에 붙지 않으며, 약이 깊숙이 들어가 있기 때문에 결국 삼킬 수밖에 없다.

촌충이 발견되면, 갓 간 빈랑나무 열매 1~3그레인(약 64~194mg), 겐티아나 추출물 5그레인(약 324mg), 히오스시아무스hyoscyamus[23] 추출물 2그레인(약 130mg)을 섞은 알약을 만들어 복용하게 한다. 빈랑나무 열매 단독으로도 구충 효과는 충분하지만, 급성 산통이나 심지어 경련을 유발할 수 있으므로 반드시 진정제와 함께 사용해야 한다."

고양잇과 동물에게만 특징적으로 나타나는 기생충 가운데 콧수염 회충Ascaris mystax이라는 종이 있다. 이 명칭은 이 기생충의 머리 부분에 있는 네 개의 돌기에서 유래한 것이다. 주로 장에 기생하지만, 때로는 위 속에 자리 잡기도 하며, 길게 자라는 경우가 많다. 고양이는 위장 속 기생충을 토해내기도 하는데, 이 과정은 괴로워하

---

23 가짓과에 속하는 독성을 지닌 식물이며, 진정 작용과 진통 효과가 있다. 위경련이나 복통 등 급성 통증을 완화하는 데 사용된다.

는 동물에게 일종의 안도감을 주기도 한다.

콧수염 회충이나 그 밖의 불청객이 위장에 서식하면 위장 장애가 생기는 일이 흔하다. 이때 고양이는 때로는 지나치게 게걸스럽게 먹다가도, 또 어떤 때는 몹시 입맛이 까다로워지는 모습을 보인다. 이는 기생충의 자극으로 인해 메스꺼움이나 기력 저하를 느끼거나, 기생충에게 섭취한 영양분을 빼앗겨 극심한 허기를 느끼기 때문일 것이다. 여기서 중요한 점은, 기생충이 단순히 위장에 들어온 음식만 먹고 사는 것이 아니라는 사실이다. 이들은 거의 소화가 완료되어 혈액 속으로 흡수되려는 상태의 음식물, 즉 유미즙[24]을 먹는다. 유미즙은 음식물 중 가장 영양가 있는 성분만을 담고 있어, 체조직을 만들고 체내에서 끊임없이 일어나는 소모를 보충하는 데 필수적인 물질이다. 이러한 점을 고려하면, 고작 몇 마리 되지 않는 작은 기생충이 숙주의 몸을 얼마나 빠르게 쇠약하게 만들 수 있는지 이해할 수 있을 것이다.

---

24 위에서 소화된 지방 성분이 유화되어 형성된 유백색 액체. 인체에서는 주로 림프계를 통해 흡수된다.

그리고 마지막으로, "죽일 때가 있고, 고칠 때가 있다"라는 말처럼, 만일 사랑하는 고양이가 심하게 병들었거나 극심한 고통에 시달리거나, 중대한 사고를 당한 상황이라면, 그 생을 조용히 마무리해 주는 것이야말로 가장 슬기롭고 자비로운 선택이 될 수 있다는 점을 덧붙이고 싶다. 앞서 말했듯, 익사는 일반적으로 쓰이는 방법 중에서도 가장 단순하고 고통이 적은 방식이다. 총으로 사살할 때는 고양이가 부상 상태로 도망쳐 더 큰 고통을 겪지 않도록 각별한 주의와 철저한 준비가 필요하다. 분명히 말하건대, 독살은 결코 허용되어서는 안 된다.

부록
고양이의 본능에 관한 소고[25]

다섯 마리 새끼 중, 두 수컷 미티스와 리케만이 살아남았다. 어미는 몸과 가슴, 발끝이 새하얀 청회색 앙고라 고양이다. 두 녀석도 어미와 같은 청회색 앙고라 털을 물려받을 듯하다. 주둥이와 눈 아랫부분은 흰색이고, 입술과 코끝은 선명한 분홍색이다. 리케는 검은색을 띤 몸과 꼬리 위에 회색 무늬가 자리하고 있다. 머리는 미티스보다 작고 회색이며, 검고 긴 줄무늬가 옆으로 얼룩

---

25 프랑스의 심리학자이자 교육학자인 베르나르 페레스(1836-1903)가 쓴 에세이를 옮긴 부록이다. 초판본에는 베르나르 페레스의 이름이 기여자로 등재되어 있다.

덜룩하게 퍼져 있다. 콧등 위에서는 두 줄의 흰 선이 갈라지고, 눈꼬리에서 시작된 곡선 두 개가 회색과 검은색이 어우러진 이마의 둥근 무늬를 감싼다.

어미가 그들을 핥아준 지 오래지 않아, 두 마리는 낑낑대며 젖을 찾아 헤맨다. 나는 이틀째까지 새끼들의 움직임을 유심히 지켜보았지만, 기억만으로는 정확히 옮기기 어려울 듯하여, 셋째 날부터의 관찰한 사실을 기록하기로 했다.

5월 12일

새끼 고양이들은 젖을 빨 때나 잘 때 끊임없이 몸을 움직인다. 젖을 빠는 도중 잠이 들기도 하는데, 어미의 부드러운 가슴에 몸을 파묻거나, 우아하게 입을 벌린 채 옆으로 쓰러져 잠드는 모습도 보인다. 리케는 특히 체질이 예민한 듯 보이며, 갓난아이가 젖을 과하게 먹었을 때처럼 자주 딸꾹질을 한다. 젖꼭지를 찾는 모습은 유난히 흥미롭다. 머리를 왼쪽에서 오른쪽으로, 또 오른쪽에서 왼쪽으로 재빠르게 돌리며, 이마나 주둥이로 어미를 밀쳐가며 탐색한다. 서로를 밀치고 넘어지며, 어미의 다리 사이를 미끄러지고, 어디든 무작정 빨아보려 애쓴다. 마침내 자리를 잡고 온 존재를 집중해 젖을 빠는 모습은 마치 작은 거머리 같다. 포식이 끝나 입을 떼면 금세 기운을 잃은 채 멍한 상태가 된다.

감각이 거슬릴 때면—가령 어미가 너무 무겁게 몸을 기대거나, 혼자 두거나, 몸단장을 거칠게 해줄 때면—단음절에 가까운 단조로운 소리를 낸다. 그것은 "미야옹"도 아니고, "야옹"은 더더욱 아니며, 떨리는 "미-이-잇"에 가깝다. 젖꼭지를 한참 찾아도 찾지 못할 때, 젖을 찾다 형제에게 방해를 받을 때, 내가 갑작스럽게 그들을 들어 올리거나 손바닥 위에서 뒤집을 때도 이 소리를 낸다. 손바닥에 올려 세워두면 처음엔 따뜻함에 멈칫하다가, 이내 낑낑대며 어미의 따뜻하고 부드러운 배로—그들의 집이자 식당이며, 생의 시작을 여는 무대가 되어준 그곳으로—되돌아가고자 아우성친다.

5월 13일

오늘 아침, 미티스가 아픈 듯 보였다. 몸이 축 늘어진 채 내가 들어 올려도 낑낑대지 않았고, 젖을 빨려는 기색조차 없었다. 딸꾹질을 하고 몸을 떨기에 걱정스러웠다. 다행히 그 상태는 한 시간 남짓 지속되다 멈췄다. 일시적인 불편함이었는지도 모른다. 혹은 과도한 수유나 극심한 졸음이 녀석을 반쯤 무기력한 덩어리로 만들어버렸던 것일지도.

리케의 얼굴은 어제보다 더 예뻐졌다. 흰 점은 더 커졌고, 회색 무늬는 넓게 퍼지며 옅어졌으며, 머리와 목도 조금 자란 듯하다. 그래도 여전히 미티스 쪽이 훨씬 더 근사한 자태를 지니고 있다.

정오

두 마리의 작은 거머리들은 20분 동안이나 쉬지 않고 젖을 빨았다. 이제는 젖으로 배가 가득 차서, 어미의 배나 발 위, 그 외에도 어디에 눕든 그 자리에서 곧장 잠에 빠져든다.

오후 2시

젖을 빠는 데 정해진 자리는 없다. 먼저 닿는 곳이 곧 그들의 자리다.

어미가 잠시라도 자리를 비우면, 두 새끼 고양이는 서로를 중심으로 빙글빙글 돌며 몸을 맞댄다. 온기를 나누는 그 접촉은 그들 나름의 기쁨이다. 어미가 몇 분간 돌아오지 않으면, 결국 두 마리는 서로의 몸을 교차시킨 채 잠이 든다. 위에 올라와 있던 새끼를 들어 올리면, 아래에 있던 새끼는 곧 낑낑대기 시작한다. 그들은 아직 외로움에 익숙하지 않다. 외롭다는 느낌은 곧 차가움이라는 고통스러운 감각으로 이어진다. 아주 어린 동물들은 쉽게 체온을 잃고, 그리 낮지 않은 온도에서도 저체온으로 죽는 일이 종종 있다. 몸이 너무 작고, 호흡 기관이 아직 충분히 발달하지 않았기 때문이다.

오후 4시에서 5시 사이, 리케는 매우 활기차 보였다. 녀석은 어미의 젖꼭지를 찾아 이리저리 돌아다녔고, 10분 가까이 형의 몸 위를 가로지르며 앞발로 형을 툭툭 건드렸다.

리케의 코는 분홍색을 띤 갈색에 가깝지만, 점점 붉은 갈색 쪽으로 기울고 있다.

밤 10시쯤, 나는 어미에게 우유가 담긴 접시를 보여주었다. 그녀는 새끼들을 두고 가서 우유를 마신 뒤, 죽이 담긴 접시로 향했다. 부재는 겨우 오 분을 넘기지 않았다. 그 짧은 사이에도 새끼들은 익숙한 동작을 반복했다. 리케는 형 주위를 세 바퀴 돌았고, 미티스는 동생보다 더 게으르거나, 혹은 더 많은 수면이 필요한 듯 몸을 옆으로 길게 뻗었다. 미티스와 달리 리케는 어미의 몸을 찾기 전까지는 좀처럼 가만히 있지 못한다.

리케는 어미가 돌아와 앞발을 상자 가장자리에 얹고 조용히 몸을 낮출 때까지 여전히 안절부절못하고 있었다. 그녀가 상자 안으로 들어오며 낸 미세한 소리와 움직임이 상자 전체에 전해지자, 두 마리는 곧 고개를 쳐들며 일어났다. 비틀거리는 머리를 들고 어미가 돌아왔음을 알아챘다.

어미가 가장 먼저 하는 일은 새끼들의 몸단장이다. 몇 번 혀질을 하여 그들을 뒤집은 뒤, 그대로 단장을 시작한다. 두 마리 모두 차례로 손질을 받는다. 하지만, 이 의식은 새끼들에게는 꽤 성가신 일인지, 끝날 무렵이면 작게 낑낑거린다. 소리가 크진 않지만, 분명한 불만의 표현이다. 몇 분 후, 어미의 감미로운 코골이가 들려오면 온 가족이 고요히 잠들었음을 알 수 있다. 나는 살짝 상자 안을 들여다본다. 어미는 왼편으로 누운 채 몸을 둥글게 말고 있고, 미티스는 뒷다리 반, 배 반을 리케 위에 올려두고 있다. 둘은 자고 있거나, 젖을 빠는 중이거나, 어쩌면 그 두 가지 일을 동시에 하고 있는지도 모른다.

5월 14일

새끼들은 내가 바라보는 동안에도 자라는 것 같다. 특히 미티스의 머리, 목, 등이 그러하다. 녀석은 덩치 크고 무겁지만, 이마는 넓고 높다. 아마도 지능이 높은 고양이가 될 것이다. 사자처럼 발달한 크고 튼튼한 턱은 힘과 온순함을 동시에 품고 있다. 녀석은 초기보다 훨씬 더 활기를 보이기 시작했다. 젖을 찾다 동생과 마주치거나 이미 찾아낸 젖을 두고 다투게 될 때면 앞발을 허공에 대고 빠르게 휘두르는데, 마치 개가 수영하는 모습처럼 보인다. 조금 전 어미가 미티스의 몸단장을 마쳤다. 아마도 단장은 녀석의 취향보다 조금 오래 걸렸을 것이다. 녀석은 뒷발을 뻗어 불쾌함을 드러냈고, 그러다 한쪽 발로 귀를 툭 치기도 했다. 또, 두세 번 조급하게 "미이" 소리를 냈다.

이렇게 이따끔 미약하게 흘러나오는 울음은, 생기 넘치는 리케조차 내가 손 위에 올려놓았을 때도 좀처럼 내지 않는 소리다. 나는 불행한 고양이들이 훨씬 더 많은 불평을 했던 것을 기억한다. 예컨대, 한 번은 내가 한배에서 유일하게 남겨둔 새끼가 열흘 만에 죽은 일이 있었다. 막 눈을 뜨기 시작하던 시기였다. 어미는 다른 새끼들을 모두 잃은 슬픔에, 남은 아이를 이리저리 옮기다가 때로는 몇 시간씩 방치하기도 했다. 나는 그 아이가 부실한 돌봄과 불충분한 수유 때문에 죽었다고 믿는다. 그 작은 존재는 자주 큰 울음을 토해냈다. 나는 그녀가 이번에 내가 남겨준 두 마리의 새끼와 행복하게 지내는 것을 보며, 죽음의 원인에 확신을 갖게 되었다. 이 일이 단순히 산수적 능력의 부재에서 비롯된 걸까? 그녀에게는 둘이 다섯만큼이나 많은 수일지도 모른다. 어쨌든 지금의 그녀는 아주 만족스럽고, 배불리 먹었으며, 무척 다정하다. 새끼들 또한 안락함과 여유, 충족된 욕구, 조용한 잠자리와 배부름에 익숙해져 있다. 그들이 불평할 줄 모른다는 것은, 불평할 이유를 배운 적이 없기 때문일 것이다.

리케의 털빛은 눈에 띄게 변하고 있다. 얼굴은 이제 회백색이 우세하다. 목과 등, 옆구리의 검은 털에 물든 은빛은 아침보다 더 넓게 번졌다.

새끼 고양이들은 혼자 있을 때, 심지어 어미가 곁에 있을 때조차도 종종 자신의 몸 어딘가를 젖으로 착각하고 빠는 일이 있다. 마치 여섯 달 된 아이가 손가락이나 발끝을 빠는 것과도 같다.

5월 15일

오늘 리케를 손 위에 올려 두고 삼 분간 지켜보았다. 나는 시가를 피우고 있었는데, 그 작은 생명체는 목을 쭉

뻗고 코를 하늘로 치켜든 채 끊임없이 작은 소리를 내며 냄새를 맡았다. 우리 머리 위에는 새장이 걸려 있었다. 내가 쓴 흡연 모자smoking-cap[26]에 놀란 참새가 날개로 새장을 두드리며 빙글빙글 돌기 시작했다. 그 소리를 들은 리케는 갑작스레 떨기 시작하더니 몸을 잔뜩 웅크렸다. 이러한 움직임은 특정한 청각 자극에 대한 유기적 반응, 즉 반사 작용이다. 하지만 녀석은 이 반응을 이미 어느 정도 의식하고 있거나, 곧 의식할 수 있게 될지도 모른다. 나는 이 짧은 오 분 간의 관찰을 통해 리케가 강한 냄새에 민감하며, 공포라는 감정에 기인한 일련의 동작을 수행할 수 있다는 것을 알 수 있게 되었다.

리케의 머리는 눈에 띄게 은회색으로 변해가고 있고, 등의 무늬도 점차 같은 색이 되어 간다.

나는 미티스를 손에 들어 올려 녀석의 몸을 길게 폈다가 다시 오므려 보았다. 녀석은 그 상황을 완전히 이해하지 못하는 듯했다. 몇 걸음 내딛다 말고 머리를 여기

---

26 흡연 모자는 18~19세기 유럽에서 남성들이 담배를 피울 때 착용한 작은 모자로, 보통 담배를 피울 때 연기로부터 머리를 보호하기 위한 용도로 착용했다.

저기 대보다가, 시가 냄새가 밴 내 코트를 감지했다. 냄새를 맡는 것 같았지만 리케만큼 활발하게 움직이거나 소리를 내지는 않았다. 그저 고개를 흔들며 앞발로 내 코트와 손을 더듬고, 입으로 빨아보려 했다. 녀석은 분명 자신이 놓인 낯선 환경을 불편해했다. 어미가 상자 아래에서 부르자 녀석은 즉시 소리가 난 방향으로 고개를 돌렸다. (겨우 나흘 된 작은 동물의 머리와 몸 안에서 얼마나 많은 움직임과 생각이 연관 지어 작동하는가!) 녀석은 다시 움직이기 시작했지만, 한 걸음 내딛고는 물러나고, 또다시 오른쪽, 왼쪽으로 몸을 흔들며 비틀비틀 걸었다. 나는 녀석을 어미에게 되돌려주었다.

오늘 밤, 불 켜진 램프를 새끼 고양이들의 상자 가까이 가져다 댔을 때, 눈꺼풀이 닫혀 있음에도 눈이 제법 크게 움직이며 반응하는 것을 다시 한번 보았다. 얇은 막을 통과한 빛이 망막을 자극했기 때문일 것이다. 새끼들은 몇 초간 동요하며 고개를 흔들다가 다시 어미 품속으로 파고들었다.

마차 소리, 내 목소리, 참새의 지저귐, 상자를 건드려

생긴 작은 움직임—이 모든 것이 그들을 흥분시킨다. 이러한 새끼 고양이들의 행동은 외부 자극으로 인해 생기는 무의식적 반응과 결합할 수 있다.

5월 16일

미티스의 꼬리는 뿌리 쪽이 굵어지고 있고, 머리와 목의 털은 점점 촘촘해지며 비단결처럼 부드러워지고 있다. 녀석은 아마도 앙고라 고양이의 혈통을 상당 부분 이어받은 듯하다.

손바닥 위에 새끼들을 올려놓으면, 녀석들은 꽤 강하고 집요하게 숨을 들이마신다. 시각은 아직 닫혀 있고 촉각도 완전하지 않지만, 후각만은 종 특성에 맞게 거의 완벽하게 작동하고 있기 때문일 것이다.

오늘 저녁, 어미가 미티스의 몸단장을 해주던 중에 일어난 일이다. 미티스는 구속에서 벗어나자, 발바닥으로 걷는 동물plantigrade과 배로 기어다니는 동물gastéropode의 중간쯤 되는 자세로—느리지만 가능한 한 빠르게—어미의 앞발을 따라 기어가다가, 어미의 배 부근의 부드러운 털 속에 몸을 파묻었다. 그러는 사이, 녀석의 머리가 술 취한 사람처럼 이리저리 흔들리다 젖을 빨고 있던 리케의 머리에 부딪혔다. 그러자 미티스는 즉시 앞발을 들어 동생의 머리를 내리쳤다. 아래쪽 젖을 물고 있던 리케는 상자 바닥 깊숙이 몸을 낮추고 있었기 때문에 웬만해서는 떨어지지 않았다. 미티스는 다시 한번 리케를 밀쳐보지만 역시 실패한다. 녀석은 머리를 빠르게 움직이며 격렬하게 젖을 찾았지만 찾을 수 없었다. 그러자 어미가 녀석의 등을 앞발로 눌러주었고, 무게 중심이 제대로 잡히고 나서야 녀석은 마침내 목적을 달성한다. 여기에는 분명 어느 정도 의식이 개입된 동작들이 있고, 본능에 가까운 반사적인 동작들도 있다. 젖의 냄새를 따라가는 감각, 동생이 먼저 젖을 물고 있는 모습을 보고 생기는 경쟁 본능, 경쟁자를 밀쳐내려는 의지, 그리고 투쟁의 본성까지. 이제 막 태어난 이 어린 동물은 감각과 감정, 의지, 활동, 의식을 전부 지닌 놀라운 기계와도 같다!

5월 17일

나는 더 느긋한 성향의 미티스에게서 처음으로 장난기의 징후를 본 듯하다. 입을 반쯤 벌리고 누운 녀석은 만족스러운 표정으로 네 발을 허공에 휘저으며 무언가를 찾거나 건드리려 하고 있었다. 저녁 8시쯤, 창문은 열려 있고, 새장 속 새들은 한창 지저귀며, 우리는 고양이 상자 옆에서 웃고 이야기하고 있다. 이런 소리가 과연 배부른 새끼 고양이들의 감각을 자극하는 것일까? 그런 것 같기도 하다. 그들은 십오 분 넘게 어미의 배와 다리, 머리 위를 뛰어다니며 한바탕 동요하고 있었으니까. 몸집이 더 크고 무거운 미티스는 쉽게 지쳐 먼저 어미의 젖가슴으로 돌아갔다. 리케는 상자의 한쪽 끝에서 다른 쪽 끝까지, 그리고 어미 주위를 몇 바퀴 더 돌아다닌 끝에야 젖을 물었다.

밤 9시, 나는 조명 아래에서 새끼 고양이들을 들여다보았다. 불빛은 그들에게 꽤 큰 자극이 된 듯했다. 두 마리는 서로를 뒤집으며 입을 벌리고, 입에 닿는 부위를 깨무는 듯한 행동을 보였다. 하지만 그것은 어디까지나 무의식적인 행위 같았다. 아마 일시적인 과잉 흥분과 발달 중인 능력으로 인한 활동의 증가라고 볼 수 있을 것이다.

5월 18일

새끼 고양이들은 마주 보고 옆으로 누운 채, 앞발을 서로의 뒷발 쪽으로 반쯤 뻗고 잠들어 있다. 리케는 자주 잠에서 깨어 형의 발에 입이 닿을 때마다 그 발을 빨았다. 이것은 단순한 반사적 반응일까, 무의식적 행동인가? 아니면 꿈이라도 꾸고 있는 것일까? 녀석은 너덧 번쯤 빠는 동작을 반복하다 발을 놓고 다시 평온하게 잠들었다. 하지만 길을 지나가는 마차 소리와 진동이 바닥과 상자에 전해지자, 녀석의 입술과 발, 꼬리가 심하게 떨렸다.

어미가 상자로 돌아오자, 그들은 즉시 깨어나 몸을 일으키며 반가운 "미이" 소리를 서너 번 냈다.

어미는 자리를 잡을 때 리케의 몸 위로 약간 무게를 실어 기댔다. 예전의 리케는 그럴 때마다 반사적으로 빠져나갔지만, 이제는 그런 자세가 불편하다는 것을 경험으로 알고 있는 듯, 더 멀리 자리를 옮긴다. 미티스는 젖을 찾던 중 가까이에서 동생이 젖 빠는 소리를 듣는다. 녀석은 뒷발로 동생의 머리를 두드리고 몸을 비비며 동생을 밀쳐내려 한다. 그러다 마침내 몸 전체로 동생을 밀어젖히고 동생이 물고 있던 젖을 차지한다. 그리고 그것이 원래 자신이 빨던 젖만큼 만족스럽다는 걸 깨닫고는 자리를 지킨다.

미티스는 젖을 빠는 리케를 방해하려 했다. 나는 손을 내밀어 둘 사이에 장벽을 만들었다. 미티스는 앞발로 내 손을 밀어내려 하다가, 내 손이 리케와 다르다는 걸 느낀 듯 흥분을 멈추고는 다른 젖을 찾는다. 물론 이 반응은 차이를 인식하고 비교한 결과라기보다는, 단순히 서로 다른 감각 자극이 각각 다른 근육 반응을 끌어낸 것일 수도 있다. 그럼에도 어쩌면, 비교라는 인식의 씨앗이 싹트고 있었던 것일지도 모른다.

5월 19일

두 새끼 고양이 모두 이제 막 두 눈이 열리려 하고 있다.

눈꺼풀은 살짝 갈라졌고, 그 틈은 얇은 점액성 막으로 덮여 있다. 미티스의 오른쪽 눈 바깥쪽 끝에는 핀pin 머리만 한 크기의 둥근 틈이 생겼고, 그 안에 옅은 푸른색 눈동자가 살짝 드러나 있다. 왼쪽 눈의 안쪽 모서리에도 작은 틈이 있지만, 그 사이로는 아직 눈알이 보이지 않는다. 리케의 오른쪽 눈도 약간 벌어졌고, 왼쪽 눈꺼풀은 가장자리가 누르스름한 분비물로 막혀 있다.

나는 미티스가 상자 안에서 노는 모습을 보고, 녀석을 바닥에 눕혀 놓고 배를 간질이고 머리를 쓰다듬었다. 녀석은 몸을 일으키려 하지는 않았지만, 앞발을 휘저었다. 이는 분명 어느 정도 의식적인 놀이의 시도였다. 어미가 다가와 그 자세 그대로 녀석을 핥기 시작했고, 녀석은 앞발로 같은 동작을 반복했다. 리케 또한 놀이의 기미를 보이고 있으나, 미티스만큼 분명하지는 않다.

5월 21일

리케의 왼쪽 눈이 안쪽 모서리부터 열리기 시작했다.

나는 두 마리를 손바닥 위에 올려놓고, 아직 완전히

열리지 않은 그들의 눈앞에서 손가락을 흔들어 보았다. 그러나 그들이 사물을 식별할 수 있다는 징후는 관찰되지 않았다.

미티스를 어미의 머리 가까이에 두자, 녀석은 어미의 머리를 깨물고 앞발로 코를 장난스럽게 툭툭 쳤다. 어미는 그 장난을 달가워하지 않았다. 그녀는 앞발로 아들의 목덜미를 눌러 예의를 가르쳤고, 미티스는 곧 그녀의 품에서 빠져나와 젖을 찾기 시작했다.

리케의 목덜미에는 흑백 줄무늬 사이로 황갈색 털이 몇 가닥 섞여 들었다. 이제 녀석은 네 가지 색을 지닌 고양이가 되었다.

나는 미티스를 손바닥 위에 올려놓고, 녀석의 머리에 입술로 소리를 내며 연달아 세 번 입을 맞췄다. 녀석은 두 번 고개를 흔들었다. 이는 어미 고양이가 누군가 자신을 쓰다듬거나 입맞춤할 때—특히 그 행위가 탐탁지 않거나 다른 일에 집중하고 있을 때—보이는 습관적인 반응과 같다.

새끼 고양이들의 머리에서 약 4cm 떨어진 곳에서 손

을 움직이면 고개를 약간 움직이거나 눈을 깜빡이곤 한다. 어젯밤부터 눈이 어느 정도 열려 있었지만, 정말 내 손이 보여서 그렇게 반응한 것인지는 확실하지 않다.

아직 그르렁거리는 소리는 내지 않는다.

5월 22일

정오 무렵, 상자에 다가갔다. 리케의 왼쪽 눈은 옅은 푸른빛이 도는 홍채가 드러나 있었고, 어렴풋이 나를 인식하는 것 같았다. 나는 녀석의 눈에서 약 10cm 정도 떨어진 거리에서 손을 흔들었지만, 녀석이 반응한 이유는 손짓이 만든 바람과 소리 때문인 듯했다.

미티스의 두 눈은 거의 다 열렸다. 나는 녀석의 코 앞에 손가락을 가까이 두고, 오른쪽에서 왼쪽으로, 왼쪽에서 오른쪽으로 흔들었다. 녀석의 눈에서 내 손의 움직임을 따라가는 듯한 아주 미세한 반응이 느껴져서 기쁘다.

5월 23일, 오후 7시

이제 새끼 고양이들의 움직임은 덜 떨리고, 더 빠르고,

더 분명해졌다. 단순히 힘이나 활동량이 늘어난 것이 아니라, 시각이 개입된 목적의식이 생기기 시작했기 때문이다.

나는 어린 동물들을 관찰할수록 이런 생각이 든다. 그들의 성장 과정에서 모든 외부 환경—영양, 운동(그 정도나 강도는 조절될 수 있다.), 공기의 흐름, 빛, 건강과 정서에 대한 주의, 교배와 훈련에 관한 관리—은 어쩌면 부차적인 요소에 불과할지도 모른다. 감각이란, 다양한 가능성 가운데 어떤 것을 먼저 끌어내는 역할만을 할 뿐이다. 지각하고, 생각하고, 움직이는 존재란 무수한 실로 얽힌 실타래와 같아서, 인생에서 겪은 사건들이 그중 어떤 실을 당기느냐에 따라 성격이 드러난다. 이 사실은 교육자가 할 수 있는 일이 어디까지인지를 한편으로는 규정하고, 다른 한편으로는 그 한계를 드러냄과 동시에 가능성을 열어준다. 자코[27]의 말처럼, 모든 것이 모

---

[27] 원문에는 'Jacolot'로 표기되어 있으나, 문맥으로 보아 19세기 프랑스 교육자 장 조셉 자코(1770-1840)를 가리키는 것으로 보인다. (올바른 표기는 'Jacotot'이다.) 그는 "모든 인간은 동등한 지능을 가지고 있다"라는 신념 아래, 누구나 스스로 배울 수 있다는 지적 해방 이론을 제시했다.

든 존재 안에 깃들어 있는 것은 아닐지라도, 어린 동물이나 유아에게 무엇이 있고 없는지를 누가 감히 단정할 수 있을까?

나는 미티스를 발난로[28] 위에 올려보았다. 녀석은 두세 번 신경질적으로 몸을 떨었고, 그 움직임은 마치 가벼운 전율처럼 보였다. 그러나 곧 기분이 좋아진 듯, 금방 잠들 것처럼 반쯤 눈을 감고 따뜻한 표면 위에 몸을 뻗었다. 이번에는 리케를 올려보았다. 녀석은 미티스와 비슷하게 몸을 떨더니 코를 이리저리 들이대며 주변을 살피는 듯했다. 냄새를 맡고 있었는지, 아니면 촉각으로 확인하고 있었는지는 알 수 없지만, 자신이 놓인 대상을 나름의 방식으로 검토하고 있는 것처럼 보였다. 녀석은 조심스레 앞발을 뻗더니 이내 완전히 누웠다. 따뜻한 표면과의 접촉은 어미의 젖가슴에서 느꼈던 익숙한 온기를 떠올리게 했을 것이고, 자연히 본능적인 수면 욕구를 불러일으킨 듯했다.

---

[28] 작은 난로나 덮개 안에 뜨거운 물병을 넣어 사용하는 형태로, 19세기 영국에서 겨울철 실내에서 자주 사용되던 보온 기구다.

이제 상자 안을 뛰어다닐 때, 몇몇 움직임은 분명 시각에 의해 조정되는 듯하다.

지난 이틀간, 새끼 고양이들의 귀는 눈에 띄게 길어졌고, 꼬리 역시 마찬가지다.

새끼 고양이들은 이제 누군가 방 안을 걷기만 해도, 자고 있거나 젖을 먹고 있지 않은 이상 곧 활발히 움직이기 시작한다.

운동시키기 위해 마당에 내보낸 어미는 30분째 돌아오지 않았다. 미티스는 잠들어 있었고, 리케는 형의 목을 베고 누워 있다가 내 발소리에 깼다. 어미가 오랫동안 자리를 비운 데다 배고픔도 있었기에 더욱 민감하게 반응했을 것이다. 내가 손가락으로 머리를 쓰다듬자, 녀석은 마치 웃는 듯한 표정을 지었다. 내가 입술로 소리를 내어 새장의 새들을 깨웠을 때도 리케는 여전히 미소 지은 듯한 얼굴로 그 소리를 듣고 있었다.

새끼 고양이들은 이제 더 높은 곳에 오르려 시도하고, 상자의 벽에 코를 자주 부딪치지도 않는다. 분명 발을 눈에 보이는 특정 지점으로 향하게 하고 있다. 눈, 코, 발이 이제는 젖이나 다른 대상 앞에서 함께 작동한다. 물론 아직까지는 대상을 의도적으로 찾기보다는, 우연히 마주치는 일이 대부분이다. 그들의 시야는 아직 넓지 않다. 만약 내가 손을 흔들어 그들의 주의를 끌고 싶다면, 눈에서 15cm 이상 떨어져서는 안 된다. 아주 가까이 다가가야만 나를 인식하는 것 같다. 그것도 전신이 보이는 것이 아니라, 튀어나온 내 코나 빛을 반사하는 눈 같은 몇몇 요소만이 눈에 들어오는 듯하다.

5월 24일, 오후 9시

아침보다 두 새끼 고양이의 눈 사이가 더 넓어 보인다. 아마도 불빛에 동공이 수축해 그렇게 느껴졌을지도 모른다. 나는 촛불 하나를 상자 옆 의자 위에 두었다. 그 빛은 분명히 녀석들을 불편하게 만들었지만, 동시에 팔다리를 움직이게 하는 자극이 되었다. 구석에서 버둥거리던 미티스는 시신경에 전해지는 강한 자극에 어느 정도 익숙해졌는지 가장 밝은 지점을 향해 다가갔다. 빛은 내 쪽 벽의 상단에 길게 드리워져 있었다.

미티스는—그리고 곧이어 리케도, 아마도 자기 흥미라기보다는 모방의 결과였겠지만—그 빛나는 벽을 타고 올라가려 했다. 비록 오르지는 못했지만, 빛에 대한 매혹은 사라지지 않았다. 나는 무심코, 벽을 타고 오르려 애쓰는 식물을 떠올렸다. 미티스는 아직도 빛을 정면으로 응시할 때 다소 당황한 기색을 보였지만 처음보다는 훨씬 덜했다. 방금까지의 움직임에 지쳤는지, 녀석은 한쪽 구석으로 물러나 어미의 꼬리에 몸을 기댄 채 쓰러졌다. 나는 조심스레 그를 들어 올려 막 장난을 마치고 젖을 빨고 있는 리케 옆에 내려놓았다. 곧 실랑이가 벌어졌고, 둘의 앞발이 세탁부의 빨랫방망이처럼 바쁘게 움직였다. 나는 손으로 둘 사이를 막아 진정시켰다. 녀석들은 내 손에 장난스럽게 앞발을 휘둘렀는데, 그 사이 미티스가 결국 원하는 젖을 차지했다. 그리고 내가 아는 한 생애 처음으로 골골거리는 소리를 냈다.

어두운 상자 안쪽에 몸을 넣은 리케는 몹시 흥분해 있었다. 내가 손가락을 내밀자, 녀석은 고개를 천천히 앞으로 기울이며 다가와 냄새를 맡았다. 이제 사람을 인식할 수 있게 되었지만, 여전히 시각보다는 촉각, 후각, 청각이 훨씬 강하게 작동하는 듯하다. 내가 입으로 소리를 내자 녀석은 깜짝 놀라 몸을 이리저리 튕기면서도 내 얼굴을 올려다보지는 않았다. 내 얼굴은 이미 녀석의 주의를 끌어 시야에 든 적이 있지만, 얼굴이 손이나 몸과 어떻게 연결되는지는 아직 인식하지 못하는 것 같다.

리케는 어미의 머리 가까이 있었다. 녀석은 앞발 하나를 어미의 목에 얹고, 그녀의 머리 한 지점을 응시하며 살살 장난을 쳤다. 그 행동에는 분명 일종의 지각이 반영된 애정 표현이 담겨 있었다. 녀석은 이제 어미를 더 의식적으로 사랑하게 되었다. 시각과 촉각이 서로 연결되면서 인지 능력은 확장되고, 감정은 더 뚜렷하고 깊어지고 있다.

나는 미티스에게 손가락을 내밀었다. 녀석은 여전히 처음 봤던 자리에 그대로 누워 있었다. 이번에는 호기심 때문인지 아니면 단순한 반사 반응인지, 작은 앞발을 내 손가락을 향해 뻗었다. 붙잡은 내 손가락이 제법 만족스러운 듯 쉽게 놓지 않았다.

5월 25일

나는 두 새끼 고양이를 차례로 손바닥 위에 올려보았다. 미티스는 상자에서 꺼낼 때 잠깐 비명을 질렀지만, 삼 분쯤 손 위에 얹어두는 동안 두 마리 모두 거의 무감각한 듯 조용했다. 그러나 상자에 다시 내려놓자마자, 마치 돌아온 것을 기뻐하듯, 혹은 내가 안겨준 다양한 감각 자극―움직임, 시각, 촉감, 온기―으로 인해 놀이 본능이 깨어난 듯 활발해졌다. 특히 미티스는 손 위에서 걸어 다닌 경험이 유난히 강한 자극이 되었는지, 계속해서 움직이고 싶어 했다. 방금 경험한 밝은 빛을 다시 느끼고 싶었던 것일 수도 있다. 녀석은 곧장 벽을 타고 오르려 했고, 그 과정에서 긁는 소리를 크게 냈다. 모든 움직임은 감각을 낳고, 모든 감각은 다시 움직임을 불러일으킨다.

5월 26일

새끼 고양이들은 앞발과 코로 장난을 치기는 했지만, 여전히 많은 움직임이 우연에 가까웠고, 명확한 목적을 가진 놀이는 드물었다.

이제 두 마리 사이에 성격 차이가 서서히 드러나기 시작한 듯하다. 겉으로 보기에 미티스는 온순하고 참을성 있으며, 약간 게으르고, 느긋하면서도, 신중하고, 다정한 기질을 가진 것처럼 보인다. 반면 리케는 훨씬 더 활발하고, 성급하며, 쉽게 흥분하고, 장난기 많고, 대담하다. 소리나 접촉에도 형보다 더 민감하게 반응하는 편이다. 하지만 둘 다 어미에 대한 애정은 크다. 단지 젖을 빠는 즐거움 때문이 아니라, 어미 곁에 있으며 그녀를 보고, 듣고, 만지는 행위에서 큰 기쁨을 느끼는 것이다.

나는 미티스를 상자의 가장자리로 옮겨보았다. 녀석은 어미에게 돌아가고 싶어 했지만, 어떻게 해야 할지를 몰랐다. 녀석의 근육은 아직 그러한 욕구에 따라 움직일 준비가 되어 있지 않았다. 녀석은 내 손의 끝까지 기어간 뒤 앞발 하나를 내밀고, 이어 다른 앞발도 조심스레 내디뎠다. 그러나 그 앞에는 허공뿐이었다. 목을 길게 빼고 두세 번 앞발로 도약하는 흉내를 냈지만, 뛰어내릴 힘도, 균형을 잡을 감각도 아직 갖추지 못했다. 결국 녀석은 겁에 질려 뒷걸음치며 낑낑댔다.

리케를 같은 위치에 올려보니 미티스와 거의 비슷한 동작을 보였지만 좀 더 나아갔다. 우연의 도움도 있었을지 모르지만, 리케는 앞발로 상자 가장자리를 붙잡는 데 성공했고, 그걸 붙든 채 몸을 내밀었다. 내가 말리지 않았다면 그대로 상자 안으로 떨어졌을지도 모른다.

5월 27일

새끼 고양이들은 날이 갈수록 나를 더 잘 알아본다. 이제 내가 손으로 들어 올리거나, 머리나 목, 입술을 쓰다듬고 다시 상자에 내려놓으면, 녀석들은 꽤 흥분한 상태로 상자 안을 돌아다닌다. 예전보다 훨씬 빠르게 움직이고 서로에게 덤벼들며 앞발질하기도 한다. 놀이라는 개념이 경험을 통해 형성되기 시작했고, 차츰 더 복잡해지고 있다. 그들은 자신들의 힘과 기술이 자라나는 것을 의식하는 듯하며, 그 자체에서 즐거움을 느끼는 것처럼 보인다. 오늘, 리케는 처음으로 상자 바닥에 깔린 천을 긁었다. 매우 만족스러운 표정을 지은 녀석은 장난기 어린 자세로 한쪽 앞발을 뻗었고, 이어 다른 쪽 발도 뻗으며 발톱을 펼쳤다. 발톱으로 천을 긁는 소리가 마음에 들었는지, 그 동작을 두 번 더 반복했다. 이 놀이 개념이 녀석의 작은 머릿속에 자리 잡으려면, 앞으로 두어 번 더 같은 경험이 필요할 것이다.

새끼 고양이들은 이미 여러 차례 상자 옆면에 매달리거나 올라가려 시도했다. 이는 우연이거나, 막연한 상승 욕구의 표현일지도 모른다. 만약 벽이 미끄럽지 않거나 천으로 덮여 있었다면, 그들은 스스로 가장자리까지 오를 수 있었을 것이다.

녀석들은 더 잘 보기 위해 머리와 앞발을 가능한 한 높이 든다. 상자 내부는 이제 충분히 익숙해졌지만, 그럼에도 여전히 촉각, 시각, 청각, 후각, 심지어 미각까지 동원하여 다양한 실험을 시도하고 있다. 종종 나무판을 핥거나, 바닥에 깔린 천을 빠는 흉내를 내기도 한다. 아마도 경험의 범위를 넓히고 싶은 것일 테지만, 나는 그들이 스스로 상자에서 나올 수 있을 때까지는 그 안에 머무르게 할 생각이다. 그 안에서도 그들은 충분한 빛과 공기를 제공받고 있으며, 운동도 할 수 있다. 나는 이 평화롭고 조용한 환경이 그들을 더 온순하게 만든다고 믿는다. 어미 고양이도 새끼들이 상자 안에 머무는 걸 선호하고, 나 역시 이유는 다르지만 같은 생각이다. 만약 이들이 제멋대로 굴며 위험한 모험에 노출된다면, 너무 이른 시기에 독립심을 갖게 될 것이다. 나는 그보다는, 그들이 나의 손길―그들을 돌보고, 교육하며, 어쩌면 인간화시키는[iii] 손길―에 익숙해지길 바란다. 나는 그들이 내 손에 철저히 길들기를 원한다. 그래야 언젠가 자유를 얻게 되었을 때도 멀리서 내 손을 알아보고, 내가 부르면 곧장 달려올 수 있을 것이다. 나의 손은 이들의 보호와 교육을 위한 매우 귀중한 도구다.

5월 28일

내가 상자 가까이 서서 미티스를 들어 올리면, 녀석은 상자를 향해 고개를 숙이고 앞발을 내뻗는다. 분명 내려가고 싶어 하는 모습이다. 하지만 실제로 뛰어내리려 하지는 않는다. 녀석을 조금 더 낮은 위치―어미로부터 몇

cm 떨어진 곳—에 내려놓자, 녀석은 주저하지 않고 어미 쪽으로 몸을 미끄러뜨렸다. 물론 이 움직임이 성공한 것은 나의 보조 덕분이었다. 혹시 미티스가 이 경험 이전에 이미 거리감이나 빈 곳과 채워진 곳의 차이에 대해 어렴풋이 인식하고 있었던 걸까? 타이데만[29]은 생후 14개월 된 아이조차 그러한 지각을 갖지 못한다고 보았다. "그는 아직 높은 곳에서 물체가 떨어진다는 개념이나, 빈 곳과 채워진 곳의 차이에 대한 인식이 없었다. 10월 14일이 되어서도 그는 여전히 높은 곳에서 몸을 던지려 했으며, 비스킷을 컵에 넣으려다 여러 번 바닥에 떨어뜨리기도 했다."

새끼 고양이들은 상자 벽을 타고 오르려 애쓴다. 그러나 이들이 가진 '높이'에 대한 개념—어쩌면 본능적인 감각—은 아직 명확하지 않은 듯하다. 첫발을 내딛자마자 목표에 닿지 못했다는 사실에 놀라는 듯한 모습도 보인

---

29 디트리히 타이데만(1748-1803)은 독일의 철학자이자 경험 심리학의 선구자로, 아동 발달에 대한 과학적 연구에 앞장섰다. 그는 아들의 생후 30개월 동안 감각, 운동, 언어, 인지 행동을 기록한 일기를 남겼으며, 이를 통해 아이들이 '언어 이전의 지식'을 지닌다고 주장했다. 본문에 인용된 내용은 그가 유아의 공간 지각 능력에 관해 기술한 사례로 추정된다.

다. 하지만 이건 어쩌면 내 착각일지도 모른다. 그저 옆으로 걷던 중 우연히 상자 벽이 발에 닿았고, 그것을 바닥의 연장처럼 인식하여 자연스럽게 그 위로 올라갔을 수도 있다. 애초에 상자 위로 오르려는 의도가 없었을지도 모른다.

리케의 등에 있던 회색 무늬는 이제 거의 검은 무늬만큼 커졌다.

두 새끼 고양이의 눈은 점차 푸른빛을 잃어가고 있다. 색은 희뿌연 회색과 연한 갈색 사이 어딘가에 머무르며, 눈빛은 솔직하고 다정해 보인다. 그들은 점점 더 의식적이고 자발적으로 시선을 보내는 듯하다.

곧게 앉은 리케는 앞발을 느긋하게 들고, 나를 바라보며 기분 좋은 표정을 짓고 있었다. 내가 손가락을 가까이 가져가자, 녀석은 왼쪽 앞발을 내밀었고, 내가 그의 머리 왼쪽을 쓰다듬자, 성묘처럼 그 부위를 내 손가락에 대고 두어 번 비벼댔다. 이것은 말하자면 의식적으로 시도한 '능동적인' 움직임이다. 유전적으로 내재한 가능성이 자극으로 인해 갑자기 표면으로 드러나 작동한 것이다. 이러한 움직임은 어린 동물 자신에게조차 놀라움과 기쁨을 안겨준다. 본능적으로 반복되던 자동적인 움직임은 어느 순간 의식의 통제 아래 들어오고, 또 어떤 순간에는 그 통제를 벗어나기도 하며, 점차 다듬어지고, 단순화되며, 조절되고, 정교해진다. 생명은 새로운 움직임을 발명하지는 않지만, 환경이 허락한다면 무수히 많은 움직임이 언제든 나타날 준비를 하는 것이다.

5월 29일

새끼 고양이들은 나날이 자신의 근육을 사용하여 움직임을 정교하게 조율하는 법을 배우고 있다. 매일 새로운 능력과 적응력을 획득하며, 서로와 어미와의 놀이 중에 의도와 즐거움이 뚜렷하게 드러난다. 그들은 갈수록 사람을 알아보는 법도 익히고 있다. 누군가 손가락을 내밀면 코나 앞발을 내밀어 반응한다. 이는 반사 작용저럼 굳어진 움직임이다. 그들은 또, 다소 인위적인 자극에 대해서도 그 위치를 파악하는 법을 배우는 듯하다. 예를 들어, 젖을 빠는 중이던 미티스의 왼쪽 앞발 끝을 살짝 건드리면 녀석은 젖을 빨던 동작을 멈추고 즉시 고개를 돌려 자신의 앞발을 바라본다. 물론 내 손을 본 것이 영향을 주었을 수도 있고, 시각 자극과 근육 감각이 결합해 거의 자동으로 움직임을 끌어냈을 수도 있다. 나는 실험을 달리해보았다. 이번에는 손가락으로 녀석의 목덜미를 두어 번 쓸었다. 녀석은 고개를 들어 내가 건드린 쪽으로 돌아보았다. 하지만 이런 반응만으로 녀석이 즐거움이나 고통이 느껴지는 부위를 인지하고 있다고 단언하긴 어렵다. 아마도 단순히 이전에 익혔던 '적응 반응'의 결과로 자극의 위치를 찾은 것일 수도 있다.

어미는 지금 미티스의 몸단장을 해주고 있는데, 녀석은 기뻐하는 기색도, 불쾌해하는 기색도 보이지 않는다. 고통이나 불만, 분노의 울음소리도 내지 않는다. 만약 녀석이 내면에서 분명한 어떤 감정을 느끼고 있다고 해도 나는 그것이 무엇인지 짐작조차 할 수 없다. 녀석이 내는 소리는 일종의 떨리는 소리인데, 굳이 흉내 내자면 "므르르르..."와 같은 소리다.

6월 2일

리케의 귀는 미티스보다 더 잘 자라고 있다. 미티스의 털은 더 이상 자라지 않으며, 녀석의 꼬리는 동생보다 더 빈약하다. 생후 첫 며칠 동안 목, 배, 허벅지에 길고 비단결 같은 털이 풍성하게 자랐음에도 불구하고, 미티스는 리케만큼 앙고라 고양이에 가까워지지는 않을 것이다.

지난 며칠 동안 리케는 더 인내심 있게 변했고, 미티스는 더 활발해졌다. 생후 첫 며칠간의 관찰을 바탕으로 미래를 정확히 예측하겠다고 나서는 것은 매우 성급한 일이다. 지성이나 성격에 대해 예측할 때는 가설을 세울 때조차 신중히 처리해야 한다. 매우 영리해 보이는 한두 달 된 고양이가 1~2년 지나면 그다지 특별하지 않게 되는 경우도 많으며, 그 반대도 마찬가지다. 털의 색이나 성질에 대해서는 6주가 지나야만 진짜 색조와 유연성, 풍성함, 광택, 곱슬거리는 정도 등을 분명히 알 수 있다. 귀에 관해서는 내 예측이 자주 틀렸다. 생후 첫 8일이나 10일 동안에는 거의 눈에 띄지 않던 귀가, 그 후에서야 갑자기 커지는 경우가 있기 때문이다. 발과 꼬리에 관해서는, 태어났을 때 5cm 정도의 길이라면 나중에도 분명히 제법 길게 자랄 것이다. 손으로 들어 보았을 때의 저항감으로, 근육과 뼈의 단단함을 가늠할 수도 있다. 목소리가 우렁찬 고양이는 보통 수컷이고, 적어도 튼튼한 폐를 가지고 있다는 표시다.

미티스는 성격이 온화한 편인데, 녀석의 귀는 리케보다 더 평평하게 눕는 경향이 있다. 리케의 귀는 여우나 늑대처럼 쫑긋 서 있다. 이제 두 새끼 고양이에게도 사람에게는 흔적 기관으로만 존재하는 귀의 작은 부속 돌기, 즉 귀밑 가장자리의 작은 보조 귓바퀴가 나타나기 시작했다.

새끼 고양이들은 이제 놀이의 기술을 능숙하게 활용한다. 앞발로 공격도 하고 서로 핥기도 하며, 굴리고, 밀기도 한다. 리케는 아직 똑바로 서지 못하지만, 뛰어오르기를 시도한 적도 있다. 둘은 서로 앞발을 노리고 깨물며 놀기도 한다. 실수로 자기 발을 물고 깨무는 예도 있는데, 곧 그 실수를 알아차린다.

내가 새끼 고양이들을 바닥에 내려놓았을 때, 그들은 다양한—떨고, 겁먹거나, 단지 놀란 듯하거나, 아니면 망설이는 듯한—태도를 보이며 몇 번 불확실한 움직임을 보였다. 그 중 한 마리가 어미가 약 1m 떨어진 의자 밑에서 자기들을 바라보고 있는 것을 알아차리고는, 매우 느릿느릿 엉거주춤하게 그녀에게 다가가다 갑자기 멈췄다. 내가 다른 녀석을 깨우려 만졌을 때 그가 내는 울음소리를 들었기 때문이다. 녀석은 고개를 우리 쪽으로 돌리고 나를 식별한 다음, 어미에게 갈 때보다 훨씬 빠르고 자신감 있게 내게로 다가왔다. 그 이유는, 내 쪽으로 오는 길이 더 짧고 확실했으며, 내 몸이 크기 때문에 자극이 더 강했기 때문이다. 상자에 다시 넣어주자, 녀석들은 다시 활발히 놀기 시작했다. 바닥에서는 겨우 움직였던 한 녀석이, 오늘 아침에는 걸음도 더 잘 걷고, 심지어 뛰어오르기까지 했다. 이 짧은 외출이 녀석에게 전에 없던 움직임의 자극을 준 것이다. 어린아이에게서도 이런 하루하루의 발달을 종종 목격할 수 있다.

이제 그들은 상자 중간 높이까지 기어오를 수 있다.

상자 위쪽에는 못으로 고정된 널빤지가 상자 전체의 약 4분의 1 정도를 덮고 있다. 미티스는 그 널빤지를 탐내는 듯한 눈빛으로 바라본다. 녀석은 결심을 굳히고 최대한 똑바로 일어선 다음, 앞발을 뻗어 널빤지에서 불과 5cm 아래까지 닿는다. 위로 뛰어오르고 싶은 욕구에 사로잡혀 다시 한 번 용기를 낸다. 그러나 무거운 배와 약한 다리는 기대를 배신하고, 녀석은 맥없이 굴러떨어진다. 이와 마찬가지로 아직 다리에 힘이 부족한 어린아이가 의자에서 떨어져 바닥에 푹 쓰러지는 장면을 자주 볼 수 있다.

6월 4일

새끼 고양이들은 점점 더 내 손가락을 가지고 놀고, 물고 핥기도 한다. 사물을 더욱 주의 깊게 바라보며, 어미와 나에게는 더 다정한 시선을 보내는 것 같다.

어미의 몸 아래에서 노는 동안, 흰 앞발, 분홍색 코, 반짝이는 눈, 흔들리는 꼬리들이 뒤섞여 하나의 혼란스러운 장면을 만든다. 내 침대 위에 올려놓자, 녀석들은 상자 안보다 훨씬 더 잘 걷고, 바닥에서보다도 훨씬 능숙하게 움직였다. 새로운 공간을 탐색하고, 걷고, 기어오르고, 내려가고, 미끄러지고, 구르며 많은 것을 익혔다. 침대 가장자리에 다가간 리케는 내가 붙잡아주지 않았다면 떨어졌을 것이다. 반면, 좀 더 신중한 미티스는 같은 위치에 도달했을 때 머리를 살짝 내밀고, 위험을 어느 정도 인식한 듯 되돌아서 반대쪽으로 몸을 던졌다.

6월 11일

새끼 고양이들은 이리저리 뛰어다니며 모든 물건에 닥치는 대로 발톱을 걸어보고, 기어오르려 하며 붙잡는다. 둘은 이따금 서로의 눈을 들여다보며 감정이나 생각의 표현을 찾으려는 듯 보인다. 이는 놀라움과 호기심, 그리고 눈의 움직임이 계속해서 불러들이는 새로운 감각에 대한 기쁨에서 비롯된 것일 수도 있다. 그러나 이것 또한, 시선 속에서 의미를 찾으려는 타고난 유전적 성향 때문일 수도 있지 않을까? 우리는 동물은 물론 인간에게도 이런 경향이 있다는 것을 알고 있으며, 이는 개별 경험보다는 본능에서 비롯된 것이다.

어느 날 새끼 고양이들은 일부는 어미와 누이를 모방한 결과로, 일부는 본능에 이끌려 저 멀리 구석에 놓인 재가 담긴 냄비를 찾아갔다. 그 냄비의 용도는 굳이 설명할 필요가 없을 것이다. 이 모습을 본 나는 녀석들을 종종 그 냄비로 데려갔다. 냄비에서 나는 냄새만으로도 그들은 자신들의 필요를 채우기 위한 자극을 받기에 충분했다. 이런 경험을 서너 번 반복한 것만으로, 그 냄새와 '냄비', '냄비의 위치', 그리고 '해소되어야 할 욕구'라는 관념이 연결되었다. 물론, 이런 청결한 습관이 새로운 관념으로 쉽게 대체되거나 잊힐 수도 있다는 점은 부정할 수 없다. 그러나 고양이(아마 다른 동물이나 어린아이도 마찬가지일 것이다.)의 생후 몇 주 동안 이런 습관의 형성에 관심을 기울인다면, 이후 폭력이나 잔인하고 무익한 방법을 동원하지 않고도 자연이 아주 약간의 도움으로 제 역할을 다할 수 있을 것이다.[30]

---

30 명시적으로 드러내지 않았지만, 글쓴이는 재받이를 화장실로 사용하도록 유도하는 배변 교육에 관해 설명하고 있다.

극심한 더위로 창문 덮개를 닫아둔 방은 반쯤 어두워졌다. 방 안의 모든 사물이 신비한 그림자 속에 잠겨 있었다. 리케는 상자에서 약간 떨어진 곳에서 이리저리 뛰놀다가, 약 1m 떨어진 작은 발판을 발견했다. 네 개의 다리와 그림자 때문에, 이 사물은 나 같은 사람에게는 신비로운 동물처럼 보일 수도 있었다. 하지만 고양이에게도 그런 착각이 가능하다고 보려면, 무생물을 생물로 혼동하는 정신적 혼란이 전제되어야 할 것이다. 내 생각에, 리케가 보인 놀라움과 이내 드러나는 두려움은, 갑작스럽고 이례적인 자극 앞에서 느끼는 불확실한 공포에서 비롯된 것 같다. 며칠 전까지만 해도 이런 사물은 녀석에게 아무런 인상을 남기지 못했을 것이다. 그러나 수많은 경험이 축적된 오늘에 와서는, 낯선 사물이 주는 자극은 녀석에게 익숙한 모든 것과 부딪힌다. 이것이야말로 녀석이 느끼는 공포의 유일한 원인일 것이다. 어찌 되었든, 리케는 작은 발로 몸을 일으켜 꼬리를 부풀리고 등을 둥글게 말며, 물러서지도 앞으로 나아가지도 않은 채 좌우로 몸을 흔들었다. 내가 움직이며 낸 소리가 마지막 충격이 되었고, 녀석은 짜증 섞인 "푸" 소리를 내며, 발이 닿는 대로 가장 가까운 쪽—즉, 침대 쪽으로 도망쳤다.

6월 12일

새끼 고양이들은 내가 종이를 바스락거리거나, 벽을 긁거나, 가구를 두드리는 소리에 이끌린다. 그러나 부드러운 금속성의 소리는 별다른 반응을 끌어내지 않는다. 물건이 부딪히는 소리, 무겁고 둔탁한 소리, 혹은 날카로운 목소리는 그들을 놀라게 하고 귀를 쫑긋 세우게 하지만, 앞발을 들게 하지는 않는다. 그러나 그들은 스스로 만들어내는 소리에 대해서는—그것이 너무 울리거나 크지 않고, 어떤 물체의 이동이나 낙하로 인해 발생한 소리가 아니라면—대체로 기쁨을 느낀다. 내가 낼 수 있는 가장 큰 목소리도 그들에게는 평소 장난스레 건네는 말소리만큼이나 즐거운 모양이다. 나는 녀석들에게 자주 연속된 자음들을 반복해서 들려주는데, 그것도 매우 좋아한다. 하지만 휘파람 소리는 싫어한다. 그들의 어미는 특히 휘파람 소리에 예민하여, 내가 휘파람을 불기 시작하면 곧장 달려와 내 턱 밑과 입 주변을 머리로 문지르고, 앞발로 내 입술을 툭툭 두드리곤 한다. 그들을 가장 기쁘게 하는 소리는, 발톱이 나무, 천, 종이, 짚 의자, 침대보 등을 긁을 때 나는 마른 마찰음이다.

오늘 아침, 미티스는 처음으로 우유를 마셨다. 나는 우유에 적신 손가락 끝을 녀석의 코 밑에 대었고, 녀석은 몇 번이고 계속해서 그것을 핥았다. 냄새에 이끌려 우유 컵에 코를 들이밀기까지 했지만 어떻게 마셔야 할지 몰라 했다. 그때, 어미가 다가와 마치 그 우유가 자신의 정당한 소유물인 양 자리를 차지했다. 그녀는 대체로 새끼들에게 처음 주어지는 어떤 것이든 빼앗아 가려 든다. 아마도 새끼들이 아직 자신의 젖 이외의 것을 소화할 만큼 강하지 않다고 생각하기 때문에 행하는 모성적 예방 조치일 것이다. 어미는 우유를 매우 급하게 핥아 마시기 때문에, 항상 접시 주변에 조금 흘리곤 한다. 나는 미티스를 어미가 흘린 우유 가까이 데려다 놓았다. 우연히든 냄새에 자극을 받아서든, 녀석은 우유를 핥아 마셨다. 15분쯤 지나자, 녀석은 컵에서 우유를 마셨는데, 매우 서

틀렸고, 마신 양도 매우 적었으며, 코를 너무 깊이 들이밀어 재채기까지 했다.

리케에게도 같은 방식을 시도해보았지만, 손가락 끝만 핥고 컵에 담긴 우유에는 입도 대지 않았다. 녀석은 미티스보다 약하고, 아마도 이 점에서 덜 성숙한 듯하다.

내가 방을 나갔다가 반 시간 만에 돌아오면, 어미는 마치 용수철에 튕겨 나온 듯 앞발을 들고 일어서고, 그녀 주위를 도는 두 위성도 동시에 같은 동작으로 일어난다.

새끼 고양이들은 여전히 우리를 매우 좋아하고, 낯선 이에게도 놀라는 일이 없다.

나는 다시 리케가 우유를 마시게 하려 해보았다. 녀석의 코를 우유에 담갔더니 앞발을 스스로 담가 핥으면서도 직접 마시려 하지 않았다. 코를 컵에 가까이 가져가 입술로 살짝 건드리기까지 했지만, 곧 다시 물러났다.

지금 리케는 벽난로 아래에서 킁킁대다 재를 긁고 있다. 녀석의 움직임으로 미루어보아 냄새로 재받이를 떠올린 듯하다. 내가 한두 번이라도 규칙을 어기고 이런 행동을 용인한다면 너무나 쉽게 형성된 청결 습관이 한 순간에 무너져버릴지도 모른다. 나는 서둘러 녀석을 재받이로 데려갔다.

오후 3시, 리케와 아침에 실패했던 실험을 다시 시도해 보았다. 녀석은 내가 코에 바른 우유를 핥았고, 그 후에는 코를 컵에 넣어 티스푼 한 숟가락가량을 마셨다.

오늘 아침, 새끼 고양이들은 어제보다 훨씬 더 활기차고 민첩했으며, 한 시간 넘게 내 침대 위에서 뛰놀았다. 그 사이 어미와 누이는 장난삼아 서로의 털을 뽑으며 긁고, 목을 감싸며 놀고 있었다. 어미는 그런 장난이 선을 넘었다는 듯 울음으로 경고를 보냈다. 미티스는 놀라서 침대에서 굴러떨어지며 애처로운 울음을 냈다.

한 편의 웃지 못할 사건이 나를 이 두 사랑스러운 아이들과 이별하게 할 뻔했다. 시력도 기억력도 흐릿한 늙은 세탁부가 이 아이들이 장난치며 놀고 있던 빨랫보자기로 그만 그들을 함께 싸버리고 말았다. 그녀는 빨랫감을 세느라 정신이 없었다. 부츠 속까지 뒤져가며 온 방 안을 뒤졌지만 찾을 수 없었고, 결국 아이들을 잃었다고 단념했다. 세 시간이 지나서야 녀석들은 무사히 돌아왔다. 사연은 이랬다. 빨래 보따리를 푸는 순간, 매우 놀란 얼굴을 한 미티스가 툭 튀어나왔다. 나는 녀석을 우유 한 컵과 함께 바구니에 넣어두었다. 리케는 한 시간 뒤에 발견됐는데, 발견 당시 찬장 아래 웅크린 채 코끝만 내놓고 있어 세탁부를 놀라게 했다. 녀석은 어떤 위로도 받아들이지 않았고, 미티스가 기꺼이 마신 우유에도 전혀 입을 대지 않았다.

둘은 내 품으로 돌아오자마자 우유에 적신 빵을 먹었다.

어미는 새끼들의 부재로 매우 침울해했다. 아무리 다정한 목소리로 부르고 장난을 치며 유인하려 애써보아도, 그녀는 새끼들이 없다는 사실을 확신하자 비통한 울음소리로 내 방을 가득 채웠다. 새끼들을 찾으러 마당에 나가게 해달라고 조르기도 했지만, 곧 돌아와 다시 울부짖으며 수색을 시작했다. 그녀는 내 무릎 위에 올라와 내 눈을 응시하더니, 새끼들과 함께 자던 침대 위에 몸을 말고 누웠다. 어미의 눈빛은 절망을 넘어섰다. 눈꺼풀은 떨렸으며, 눈동자는 축축했고, 눈 안쪽에는 눈물이 고인 것처럼 보였다. 고양이도 운다는 것은 확실하다.

고양이의 본능에 관한 소고   141

　나는 이미 여러 번, 내가 새끼 고양이들을 들어 올릴 때, 그들이 본능적이거나 어쩌면 의도적으로 배나 앞발을 눌러 자리에 붙어 있으려고 하는 것을 분명히 보았다. 이는 좋아하는 사람 품에서 어린아이를 떼어내려 할 때의 반응과 유사하다. 사실, 나는 이 모습을 훨씬 더 일찍 관찰할 수 있었을 것이다.

　내가 미티스를 품에 안고 어미와 리케 쪽으로 다가가자, 웬만큼 힘이 붙은 녀석은 본능적으로 더 강하게 그들 쪽으로 뛰어내리려 했다. 그러나 녀석의 경험과 체력은 아직 그러한 도약에 필요한 거리를 확보해 주지 못했다. 녀석이 종종 침대에서 떨어지는 것은 성급한 시도의 결과다. 고양이라는 종의 특징이기도 한 다소 충동적인 도약 시도는, 어미와 누이의 본보기와 전보다 강해진 힘에서 기인한 것일 수 있다. 어린 새가 날개도 없이 둥지를 떠나려다 떨어지는 것처럼 말이다.

　리케는 어떤 음식이든 가리지 않는다. 수프, 고기, 감자, 완두콩, 돼지기름 등 눈에 보이거나 제공되는 모든 것을 덥석 받아먹는다. 그러나 이 작은 식탐꾼의 날카로운 발톱은 조심해야 한다. 미티스는 훨씬 더 부드럽게 음식을 받아먹는다.

6월 18일

리케는 지금 소파 위에서 나와 놀고 있다. 탁자 위에는 가자미 한 마리가 놓여 있다. 생선 냄새는 녀석을 흥분시키고 혼란스럽게 만든다. 그 냄새가 어디서 나는지 모르기 때문이다. 냄새를 쫓아 나를 타고 사방으로 기어다니다가, 곧 내 왼쪽 어깨 위에 올라선다. 어깨는 탁자에서 그리 멀지 않다. 녀석은 탁자 쪽으로 움직이고, 나는 녀석이 미끄러져 내려갈 수 있도록 어깨를 낮춘다. 녀석은 먼저 숟가락에 코를 비비고, 그다음엔 유리잔에 비빈다. 가자미가 담긴 접시는 유리잔에서 단지 1데시미터(10cm) 떨어져 있을 뿐이다. 하지만 음식이 접시에 담겨 있고 녀석은 그곳에서 냄새가 난다는 사실을 알지 못하기에, 그 방향으로 가지 않는다. 그러다 녀석은 마침내 접시 앞에 도달하여 네 발을 모두 올리고는 그 생선을 통째로 먹으려는 자세를 취한다. 나는 곧바로 녀석을 들어낸다. 겨우 두어 번의 경험만으로도 녀석은 본능적으로 어떤 감각과 결합한 판단과 동작을 실제 상황에 적용할 수 있게 된 것이다! 인간은 이것을 '추론'이라 부르지만, 사실상 이것은 주관적인 작동 원리처럼 보이기도 한다. 처음엔 맹목적으로 적용하며 객관적인 표상에 놀라울 정도로 재빨리 적응한다. 그 결과, 의식은 이러한 작용을 선행하는 것이 아니라 뒤따르는 듯하다.

아침 식사 중 새끼 고양이들이 내 다리를 타고 올라왔고, 나는 마음이 조금 약해져서 그들을 잠시 식탁 위에 올려놨다. 아니나 다를까, 녀석들은 바로 내 접시로 달려들었다. 미티스는 생선을 물어뜯기까지 했으며, 리케는 접시 가장자리를 이빨로 갉았다. 생선의 냄새가 너무 강해서 접시를 생선으로 혼동한 듯했다. 게다가 녀석은 '담는 것'과 '담기는 것'에 대한 개념이 없다. 녀석은 내가 따로 준비해 둔 생선 조각을 발견하자 접시 위에 몸을 납작하게 누이고 고개를 이리저리 돌리며 용기 있게 생선을 먹어 치우기 시작했다. 가끔은 눈을 감고, 때로는 눈을 뜬 상태로 접시에 시선을 고정한 채 먹는다. 마치 그 귀중한 먹이를 놓칠까 봐 두려운 듯했다. 이는 조상으로부터 물려받은 보존 본능의 결과라고 볼 수 있을 것이다.

미티스는 둥근 질그릇 안으로 들어갔다. 그리고 자극들의 연결을 통해 느낀 욕구를 충족시키려 했다. 하지만 그릇은 작을 뿐만 아니라 녀석이 움직일 때마다 흔들렸기 때문에, 녀석은 곧 뛰쳐나와 익숙한 재받이로 달려갔다.

6월 20일

미티스가 갑자기 식탁에서 바닥으로 뛰어내렸다. 발끝으로 먼저 어미의 몸을 더듬더니 그녀를 건드리지 않은 채 그 위를 넘어갔다. 녀석이 이렇게 행동한 것은 개인적인 동기에서일까, 아니면 사회적인 동기에서일까? 녀석은 단지 단단하지 않은 땅을 밟지 않으려는 것일까, 아니면 어미를 해치지 않으려는 걸까? 이는 마치 생명을 밟을 뻔한 말이 발을 재빨리 거두는 것과 같은 방식이다.

새끼 고양이들은 오랫동안 내 침대에서 놀았다. 내가 잠자리에 들기 전에, 나는 그들을 다시 어미가 다소 슬

퍼하며 기다리고 있는 방으로 데려다 주었다. 하지만 그들은 나보다 먼저 내 방으로 돌아왔다. 내가 책상 앞에 앉자, 내 다리를 타고 올라왔고, 나는 그들을 다시 침대 위에 올려놓기로 했다. 20분 후, 나는 또다시 녀석들을 원래의 방으로 옮겼지만 2분도 채 되지 않아 돌아왔다. 내가 막 이불을 덮자 두 녀석은 다시 침대보와 의자, 벽을 향해 덤벼들더니, 바스락거리는 소리를 내며 침대에 기어오르기 시작했다. 2분 뒤, 녀석들은 침대를 점령했다. 나는 짓밟히고, 긁히고, 물렸다. 내가 내 방에서 주도권을 가지려면 문을 닫는 수밖에 없지만 그러면 그 문을 긁는다. 다만, 집요하진 않다.

이제 새끼 고양이들은 자신들의 움직임을 꽤 잘 조절한다. 침대에서 의자, 의자에서 바닥으로 머리를 박으며 내려가고, 커튼과 벽걸이를 타고 오르며, 가구나 반짝이는 물건에 기어오르려 한다. 며칠만 지나면 그들의 하강은 굴러떨어지는 것처럼 보이지 않을 것이고, 높은 곳에 오르기 위해 끙끙대는 모습도 사라질 것이다. 그들은 마음껏 도약하며 진정한 고양이가 되어갈 것이다.

미주 (원문 주석)

i 동물학회는 기존의 파충류관이었던 건물을 개조하여 '고양잇관'으로 운영 중이며, 본문에서 언급된 표본들은 모두 이곳으로 옮겨졌다. 이전에는 팜파스 고양이, 오실롯, 조프루아 고양이Geoffroy's cat, 서벌 등과 함께 '소형 포유류관'에 전시되어 있었다.

ii 단 하루 열린 이 전시회에 입장한 관람객 수는 무려 19,310명에 달했다.

iii 라틴어에는 이 개념을 잘 표현하는 말로 '온화하게 길든'이라는 뜻의 *mansuctus*가 있다.

1쇄 후원자 명단

전영옥	이지원	이동훈	강무성	김두리
이정우	카페 쿠실	박태호	정가영	한경미
김선아	유우	박재연	noeyho_oj	윤지호
전영주	김윤희	최정원	이아에	이아르미
박상신	샤쿠라	한주혜	노경모	양희영
이누리	김로현	추민정	김미경	윤인순
박시령	계연주	정글핌피	양혜경	노재윤
민지혜	마요제티	김수정	송은주	길지혜
강수연	유수옥	최지환	이지현	김경미
유혜원	정명인	김은혜	이예진	정승직
김경호	프사마테	유서정	우연	최윤정
신지원	조태현	황혜진	이민결	Rim
송민호	이현주	김한겸	복이누나 김가인	기현
고나예	김은지	정지민	김유경	이미선
김세희	신기원	몽구치치	한성수	고양이알레르기
김재하	주선미	한세희	강무위	홍성준
마을과고양이	장서현	강희준	소설고양이	안세희
윤지원	강주호	정희경	박효원	이수진
김민지	원우석	소민경	징화용	김보람
Summer	신다은	김숙희	이승민	양성경
노아	ghenzhd	문지현	미요누나 연사인	밤톨&담이
이훈	홍민정	이영직	홍정아	이상욱
원아름	이동찬	이재환	구소영	재하병민
고혜련	송하솜	한영은	한승이	

『더 캣』의 출간을 함께 해주신 모든 후원자님께
진심으로 감사드립니다. 하울북스는 여러분의
응원에 힘입어 첫걸음을 내디딜 수 있었습니다.
앞으로도 동물과 사람의 삶을 잇는 책을
꾸준히 만들어 가겠습니다.

THE CAT

고양이에 대하여
―19세기 고양이 애호가의 잡지 연재 에세이

초판 1쇄 발행　2025년 7월 12일

지은이	Philip M. Rule
펴낸이	김재은
옮긴이	김재은
디자인	서승연

펴낸곳	하울북스
출판등록	2025년 4월 16일(제2025-000041호)
주소	경기도 남양주시 별내3로 322 스카이프라자 402호
전화번호	0502-4282-1624
전자우편	hello@howlbooks.kr
인스타그램	http://instagram.com/hello.howlbooks
블로그	http://blog.naver.com/howlbooks

ISBN　　979-11-992796-0-5

※ 책값은 뒤표지에 있습니다.
※ 이 책의 원문은 저작권 보호 기간이 만료된 퍼블릭 도메인 저작물입니다. 번역문을 포함하여 표지, 디자인, 조판 등 본 서적의 출판 저작권은 하울북스에 있습니다.
※ 사전 서면 동의 없이 이 책의 본문 일부 또는 전체를 무단으로 복제, 전재, 배포하는 것을 금합니다.
※ 잘못 인쇄된 책은 구입하신 서점에서 교환해드립니다.

하울북스는 동물과 함께 살아가는 당신의 이야기를 설레는 마음으로 기다립니다.
투고 및 제안: submit@howlbooks.kr